Im Sprachlabor und zu Hause

WIE GEHT'S?

Fifth Edition

Dieter Sevin
Vanderbilt University

Ingrid Sevin
Katrin T. Bean

Holt, Rinehart and Winston
Harcourt Brace College Publishers

Fort Worth Philadelphia San Diego New York Orlando Austin San Antonio
Toronto Montreal London Sydney Tokyo

The authors wish to thank the German Information Center and Inter Nationes for providing the photos used in this book.

ISBN 0-15-501062-X

Copyright © 1995, 1991, 1988, 1984, 1980 by Holt, Rinehart and Winston, Inc.

All rights reserved. No part of this publication may be reproduced or transmitted in any form or by any means, electronic or mechanical, including photocopy, recording, or any information storage and retrieval system, without permission in writing from the publisher.

Although for mechanical reasons all pages of this publication are perforated, only those pages imprinted with an HRW copyright notice are intended for removal.

Requests for permission to make copies of any part of the work should be mailed to: Permissions Department, Harcourt Brace & Company, 6277 Sea Harbor Drive, Orlando, Florida 32887-6777.

Address for Editorial Correspondence:
Harcourt Brace College Publishers
301 Commerce Street, Suite 3700, Fort Worth, Texas 76102

Address for Orders:
Harcourt Brace & Company
6277 Sea Harbor Drive, Orlando, Florida 32887
1-800-782-4479, or 1-800-433-0001 (in Florida)

Printed in the United States of America

4 5 6 7 8 9 0 1 2 3   095   9 8 7 6 5 4 3 2 1

CONTENTS

Preface v

To the Student vi

Zur Aussprache 3

IM SPRACHLABOR

Schritt 1	13
Schritt 2	19
Schritt 3	23
Schritt 4	27
Schritt 5	31
Schritt 6	35
Kapitel 1	39
Kapitel 2	45
Kapitel 3	51
Kapitel 4	57
Kapitel 5	65
Kapitel 6	71
Kapitel 7	79
Kapitel 8	85
Kapitel 9	91
Kapitel 10	97
Kapitel 11	103
Kapitel 12	109
Kapitel 13	115
Kapitel 14	121
Kapitel 15	127

ZU HAUSE

Schritt 1	135
Schritt 2	136
Schritt 3	137
Schritt 4	138
Schritt 5	139
Schritt 6	140
Rückblick	141
Kapitel 1	145
Kapitel 2	151
Kapitel 3	157
Rückblick	163
Kapitel 4	167
Kapitel 5	175
Kapitel 6	183
Kapitel 7	187
Rückblick	195
Kapitel 8	201
Kapitel 9	211
Kapitel 10	217
Kapitel 11	223
Rückblick	231
Kapitel 12	235
Kapitel 13	243
Kapitel 14	251
Kapitel 15	257
Rückblick	265

PREFACE

Im Sprachlabor und zu Hause is the laboratory manual and workbook accompanying the fifth edition of *Wie geht's?*, a program for first-year German. When the manual is used in conjunction with the laboratory tapes, students can practice speaking, listening, and writing skills outside the classroom.

Im Sprachlabor

The lab manual serves as a key to the tape program. Exercise directions, sample responses, drawings and photos, and other materials necessary for the performance of the laboratory exercises are given. Dotted lines (......) signal that an oral response is required.

The tape session for each *Schritt* lasts 15 to 20 minutes. It consists of the *Gespräche* found in *Wie geht's?*, a variation on the *Mündliche Übung* drills, a pronunciation exercise, a short passage for listening comprehension followed by questions, and a dictation.

For each *Kapitel*, two tape sessions are provided, each about 20 minutes in length, with an additional optional 5 minutes for listening to the reading text. Part One begins with the *Gespräche*, the dialogues taken from the textbook. Each dialogue is given a dramatic reading. The first dialogue is repeated sentence by sentence with pauses for student repetition. The second dialogue is read again, this time with the lines of one character omitted; the student takes an active part in the dialogue by reading the missing lines. Supplementary grammatical exercises follow, each topic progressing from simple to more complex. All grammar exercises are four-phased: after the task has been set and the student has given an answer, the correct response is provided, followed by a pause so that the student can repeat it. The exercises follow the sequence of grammatical presentation in the main text.

The second tape session for each *Kapitel* consists of the following: (1) a continuation of grammatical drills; (2) a pronunciation section that lets students continue to practice individual sounds and distinguish between similar English and German sounds; (3) a dialogue or anecdote that relates to the chapter topic and uses the chapter vocabulary; (4) a thematic dictation based on the chapter's reading text; (5) the reading text.

An important feature of the lab manual are the *Übungsblätter*, answer sheets on which students indicate their responses to questions about the dialogues and comprehension passages, supply answers to selected drills in each grammar section, and write out dictated texts. Their regular use will permit students and instructors to monitor progress.

Zu Hause

This section provides additional written practice for each *Schritt* and *Kapitel*. It focuses on vocabulary building, practice of structure, comprehension, and cultural enrichment. Some visuals are used to encourage personal expression. An answer key for these exercises is available to instructors in the tapescript. Instructors who do not want to use this section to evaluate student progress may want to copy the answer key for their students.

TO THE STUDENT

Learning a foreign language is more like learning to play tennis or the piano than studying history. You need to take advantage of every opportunity to practice your emerging skills. The language lab is one of the ways in which you can increase practice time; make intelligent and conscientious use of it. Working in the lab can improve your ability to understand spoken German, to pronounce German correctly, to speak more fluently, even to spell correctly. It will help you make the material your own by involving your motor memory; by using your facial muscles and your vocal cords for speaking, and your hands for writing, you increase *fourfold* your chances of remembering a word, an ending, or a sentence pattern.

Acquaint yourself thoroughly with the setup of your language lab: find out what services are available to you (for example, can you have practice tapes duplicated for use at home?), and what operations the lab equipment permits (can you record yourself and play your responses back?). If you have problems with equipment, the tapes, or an aspect of the program, speak with the lab personnel or your instructor.

Using the lab frequently for short periods produces better results than concentrating your practice in a few long sessions. Be an active user: speak, listen, repeat, write. Letting the tape run while you think of other things is not sufficient. Know what you are saying; don't repeat mechanically.

Every effort has been made to achieve the right pace in taping the program, but to some the tapes will inevitably seem too fast (can the pause button be used to slow them down?), while for others they will be too slow (say the correct answer over and over, or use fast forward).

The patterns in all the *Schritte* and all the *Kapitel* are identical: the manual will guide you through each session. Series of small dots (...... ......) let you know how many sentences there are in each exercise. Every time you start a lab session, remove the appropriate *Übungsblatt* from the end of each lab manual section and keep it handy: in the *Schritte*, you will need it for the comprehension section and the dictation; in the *Kapitel*, you will need it after the *Gespräche*, at the end of the first part for some grammar exercises, and in the second part for more grammar exercises, the comprehension drill, and the dictation. Each *Kapitel* session ends with a recording of the reading text. Listen to the tape while reading along in the main text or, better yet, listen to it without looking at the text, to improve your aural skills.

For additional practice of pronunciation, use the special tape that accompanies the pronunciation section preceding the lab manual.

The second part of the workbook *(Zu Hause)* provides you with an opportunity to expand your vocabulary, to practice new grammar structures, and to learn more about German-speaking countries.

We wish you success in your first year of German. Using the lab program and workbook will increase your chances for learning the language well.

Copyright (c) 1995 by Holt, Rinehart and Winston, Inc. All rights reserved.

ZUR AUSSPRACHE

(SUMMARY OF PRONUNCIATION)

Pronunciation is a matter of learning not just to hear and pronounce isolated sounds or words, but to understand entire phrases and sentences, and to say them in such a way that a native speaker of German can understand you. You will need to practice this continuously as you study German.

This section summarizes and reviews the production of individual sounds. We have tried to keep it simple and nontechnical, and to provide ample practice of those German sounds that are distinctly different from American English. Often we have used symbols of pronunciation in a simplified phonetic spelling. Upon completing this section, you should hear the difference between somewhat similar English and German words (*builder* / Bilder), and between somewhat similar German words (schon, schön).

To develop a good German pronunciation - or at least one without a heavy American accent - you will have to bear three things in mind. First, you must resist the temptation of responding to German letters with American sounds. Second, at the outset you will probably feel a bit odd when speaking German with a truly German accent; however, nothing could give you a better start in your endeavor. (Imposing a German accent on your English may be hilarious, but it is also very good practice!) Third, you will have to develop new muscular skills: Germans move their jaws and lips more vigorously and articulate more precisely than Americans. After a good practice session your face should feel the strain of making unaccustomed sounds.

We will point out those cases where English sounds are close enough to German to cause no distortion. However, we purposely avoid trying to derive German sounds from English, because such derivations often do more harm than good. Listen carefully to your instructor or the tape. If you can tape your own voice in the language lab, do so and compare how you sound with the voice on the master track. With patience and practice you should be able to develop new speech habits quite rapidly. You will also find that German spelling reflects pronunciation very well.

I. WORD STRESS

In both English and German, one syllable of a word receives more stress than others. In English, stress can even signal the difference between two words (*ob'ject* / *object'*). In native German words, the accent is on the stem of the word, which is usually the first syllable (Hei'rat, hei'raten) or the syllable following an unstressed prefix (verhei'ratet). Words borrowed from other languages are less predictable; frequently the stress falls on the last or next-to-last syllable (Universität', Muse'um). You will find such words marked for stress in the German-English end vocabulary.

II. VOWELS

One of the most important differences between English and German is the fact that in English most vowels are to some degree glides - that is, while they are being pronounced there occurs a shift from one vowel sound to another (*so, say*). German vowel sounds do not glide, they do not change quality. The jaw does not shift while a German vowel is being produced (so, See). Three German vowels occur with two dots over them (ä, ö, ü). These vowels are called *umlauts*. Short and long ä sounds like short and long e, but ö and ü represent distinct sounds.

Certain vowels appear in combinations (ei, ey, ai, ay; au; äu, eu). These combinations are called *diphthongs*. While diphthongs in American English may be drawn out or drawled, the German diphthongs are short.

Pay special attention to the length of a vowel. In many words the length of the stressed vowel is the only clue to their meaning. When spoken, Rate! with a long a [a:] means *Guess!* whereas Ratte with a short a [a] means *rat*.

A. Short Vowels [i, e, a, u, o, ə, ʌ]

Keep these vowels really short!

1. [i] in, immer, Zimmer, Kind, Winter, Finger, bitte, dick

2. [e] es, essen, Fenster, schnell, März, Länder, Sätze

3. [a] alt, kalt, Klasse, Tasse, Tante, Wand, wann, man

4. [u] um, und, Mund, Mutter, Butter, Stunde, Sekunde

5. [o] oft, Onkel, Sonne, Sommer, Sonntag, morgen, kommen, kosten

6. [a] and [o] Be sure to distinguish clearly between these sounds.

   Kamm / Komm!   comb / Come!   Fall / voll   fall / full
   Bann / Bonn   ban / Bonn   Baß / Boss   bass / boss

7. [e] Don't forget that ä doesn't sound like [a], but like [e].

   Kamm / Kämme / Semmel   comb / combs / roll
   Schwamm / Schwämme /   sponge / sponges /
     Schwemme   watering place
   Fall / Fälle / Felle   fall / falls / furs
   Mann / Männer / Messer   man / men / knife

8. Unstressed short e [ə] In unstressed syllables [a], [i], [o], and [u] retain their basic quality in German, whereas in English they become rather neutral (Amerika'ner / Amer'ican; Aro'ma / aro'ma). The German unstressed short e [ə], however, becomes neutral, too.

   heute, Leute, fragen, sagen, beginnen, Gesicht, Geschenk, Geburtstag

9. Final er [ʌ] When r occurs after a vowel at the end of a syllable or word, and especially in the ending -er, it sounds like a weak a [ʌ]. It requires a good deal of attention and practice for speakers of American English not to pronounce the r. The German sound resembles the final vowel in the word *comma*.

   Vater, Mutter, Kinder, der, wir, vier, Uhr, Ohr, schwer, Donnerstag, wunderbar, erzählen, verstehen

10. [ə] and [ʌ] Listen carefully to the difference between these two sounds.

    bitte / bitter   please / bitter
    esse / Esser   I eat / eater
    leide / leider   I suffer / unfortunately
    zeige / Zeiger   I show / watch hand
    diese / dieser   these / this

B. Long Vowels [i:, a:, u:, e:, o:]

Be sure to stretch these vowels until they are really long.

11. [i:] Draw your lips far back.

    prima, minus, Musik, ihn, ihm, ihnen, die, wie, wieder, sieben, studieren, Papier, Biologie

12. [a:] Haare, Saal, Jahr, Zahl, Zahn, sagen, fragen, Name, Nase

13. [u:] Round your lips well.

    du, gut, Kuli, Juli, Minute, Bluse, Schuh, Stuhl, Uhr, Tour

14. [e:] and [o:] These two vowels need particular attention. First listen carefully for the differences between English and German.

    say / See   *tone* / Ton
    bait / Beet   *boat* / Boot
    vain / wen   *pole* / Pol

15. [e:] Draw your lips back and hold the sound steady.

    See, Tee, Idee, zehn, nehmen, gehen, sehen, Zähne, Mädchen, Käse, lesen, spät, Universität, Qualität

16. [o:] Purse your lips and don't let the sound glide off.

    Zoo, Boot, Ohr, ohne, Bohne, wohnen, so, rot, oben, Hose, holen

C. Contrasting Short and Long Vowels

As you were practicing the short and long vowels, you probably discovered that spelling provides some clues to the length of the stressed vowel. Here are the most reliable signals. Some apply only to the dictionary forms of words, not to the inflected forms.

The stressed vowel is short

- *when followed by a double consonant.*

    immer, essen, alle, Butter, Tennis, Lippe, Mutter

- *usually when followed by two or more consonants, including* ch *and* sch.

    Winter, Fenster, kalt, unten, Kopf, Hände, Wünsche, Gesicht, Tisch

- *in many common one-syllable words before a single consonant.*

    mit, es, an, um, von

The stressed vowel is long

- *when doubled.*

    Idee, Haare, Zoo

i *and* u *cannot be doubled, but* i *followed by* e *is always long.*

die, sie, wieviel, vier, Phantasie

- *when followed by* h. h *is silent; after a vowel it is strictly a spelling device to signal length.*

    ihn, ihm, sehen, nehmen, Zahn, Zahl, Uhr, Schuh

- *usually, when followed by a single consonant.*

    Kino, lesen, Tafel, Bluse, Väter, Türen, hören

17. [i] and [i:]

    | innen / ihnen | *inside / to them* | still / Stil | *quiet / style* |
    | im / ihm | *in / him* | | |

18. [e] and [e:]

    | denn / den | *for / the* | Wellen / wählen | *waves / to dial* |
    | Betten / beten | *beds / to pray* | | |

19. [a] and [a:]

    | Stadt / Staat | *city / state* | nasse / Nase | *wet / nose* |
    | Kamm / kam | *comb / came* | | |

20. [u] and [u:]

    | muß / Mus | *must / mush* | Sucht / sucht | *mania / looks for* |
    | Busse / Buße | *busses / repentance* | | |

21. [o] and [o:]

    | offen / Ofen | *open / oven* | Motte / Mode | *moth / fashion* |
    | Wonne / wohne | *delight / I live* | | |

D. Umlauts

There are also a long and short ü and ö.

22. [i:] and [ü:] To make the [ü:], say [i:], keep your tongue and jaw in this position, and round your lips firmly.

   diene / Düne   *I serve / dune*   liegen / lügen   *to lie / to (tell a) lie*
   Biene / Bühne   *bee / stage*   diese / Düse   *these / nozzle*

23. [ü:] Note that the German letter y is pronounced like ü.

   über, übrigens, müde, Füße, kühl, Frühling, grün, natürlich, Typ, typisch

24. [u:] and [ü]: Observe the change in tongue position as you shift from one sound to the other.

   Fuß / Füße   *foot / feet*   Kuh / Kühe   *cow / cows*
   Stuhl / Stühle   *chair / chairs*   Hut / Hüte   *hat / hats*

25. [i] and [ü] To make the [ü], begin by saying [i], then round your lips.

   Kissen / küssen   *pillow / to kiss*
   missen / müssen   *to miss / must*
   Kiste / Küste   *box / shore*
   sticke / Stücke   *embroider / pieces*

26. [ü] dünn, fünf, hübsch, Glück, zurück, Flüsse, München, Nymphe

27. [u] and [ü] Observe the tongue again as you shift from one sound to the other.

   Busch / Büsche   *bush / bushes*   Kuß / Küsse   *kiss / kisses*
   Fluß / Flüsse   *river / rivers*   Kunst / Künste   *art / arts*

28. [ü:] and [ü]

   Hüte / Hütte   *hats / hut*   fühle / fülle   *I feel / I fill*
   Wüste / wüßte   *desert / would know*   Düne / dünne   *dune / thin*

29. [e:] and [ö:] To make the [ö:], begin by saying [e:]. Keep your tongue in this position, then round your lips firmly for [ö:].

   Hefe / Höfe   *yeast / courts*   Sehne / Söhne   *tendon / sons*
   lesen / lösen   *to read / to solve* Besen / bösen   *broom / bad*

30. [ö:] schön, Möbel, hören, möglich, Brötchen, französisch, Österreich

31. [o:] and [ö:] Observe the tongue position as you shift from one sound to the other.

   Ofen / Öfen   *oven / ovens*   Sohn / Söhne   *son / sons*
   Ton / Töne   *tone / tones*   Hof / Höfe   *court / courts*

32. [e] and [ö] Begin by saying [e], then round your lips.

   kennen / können   *to know / can*   fällig / völlig   *due / total*
   Helle / Hölle   *light / hell*   Zelle / Zölle   *cell / tolls*

33. [ö] öffnen, östlich, zwölf, Wörter, Töchter

34. [o] and [ö] Observe the tongue position as you shift from one sound to the other.

   Kopf / Köpfe   *head / heads*   Stock / Stöcke   *stick / sticks*
   Rock / Röcke   *skirt / skirts*   konnte / könnte   *was able to / could*

35. [ö:] and [ö]

    Höhle / Hölle   *cave / hell*
    Schöße / schösse   *laps / I'd shoot*
    Röslein / Rößlein   *little rose / little horse*

36. [ü:] vs. [ö:] and [ü] vs. [ö]

    Sühne / Söhne   *repentance / sons*   Hülle / Hölle   *cover / hell*
    Güte / Goethe   *grace / Goethe*   Stücke / Stöcke   *pieces / sticks*
    blüht / blöd   *blooms / stupid*   rücke / Röcke   *move / skirts*

E. Diphthongs

German diphthongs are short. They are not drawled.

37. [ai] eins, zwei, drei, mein, dein, kein, Seite, Kreide, Meyer, Mai, Bayern, Haydn

38. [oi] neu, neun, heute, Leute, teuer, deutsch, träumen, Häuser; toi, toi, toi!

39. [au] auf, Auge, Haus, Frau, grau, faul, auch, Bauch, brauchen

40. Remember that ie [i:] is not a diphthong.

    Wien / Wein   *Vienna / wine*   Biene / Beine   *bee / legs*
    Lied / Leid   *song / suffering*   Lieder / leider   *songs / unfortunately*

41. Can you pronounce these words correctly without hesitation?

    schreiben, schrieb, hieß, heiß, wieder, weiter, sei, Sie, wie, wieso, weiß, Beispiel, wieviel

F. Glottal Stop

Both English and German use a glottal stop (+) to avoid running words together. German uses it much more frequently than English, where the last consonant of one word is often linked with the first vowel of the next (mit + einem + Eis, *with an ice cream*). A good way to become aware of the glottal stop is to say *Oh oh!* as if in dismay.

42. Use the glottal stop where indicated:

    +Am +Abend +essen wir +in +einem Restaurant.
    Wir sitzen +in +einer kleinen +Ecke.
    Der +Ober bringt +uns +ein +Eis.
    Wir +erzählen von der +Uni.
    Hans be+obachtet +andere Leute.

III. CONSONANTS

A. Single Letters

1. f, h, k, m, n, p, t, x: These are pronounced alike in both languages.

    fünf, haben, kaufen, müde, nein, Park, Tag, extra

2. j: It is pronounced like the English *y*.

    ja, Jahr, Januar, Juni, Juli, jung, jetzt

3. b, d, g: They usually sound like their English counterparts (g as in *garden*).

   bitte, danke, gut

   However, when they occur at the end of a word or syllable, or before s or t, they sound like [p], [t], [k], respectively.

   [p]   ob, gelb, halb, abhängig, gibst, gebt   [k]   Tag, täglich, weg, genug, liegst, liegt

   [t]   und, Mund, Bild, abends, Stadt

[p] vs. [b]	[t] vs. [d]	[k] vs. [g]
habt / haben	Kind / Kinder	sagt / sagen
gibst / geben	Wand / Wände	fragst / fragen
siebzig / sieben	abends / Abende	Zug / Züge

4. v: It usually sounds like [f], but in words of foreign origin it is pronounced [v] unless it is at the end of the word.

   [f]   vier, von, verstehen, Vater, Volkswagen, relativ, intensiv
   [v]   Vokabeln, Vase, Vision, Variation, November, Revolution

5. w: It is pronounced [v] in German.

   was, wo, wer, wie, warum, welche, womit, wunderbar

6. s, ss, ß: The pronunciation of the letter s depends on its position in the word. If it is in front of a vowel, it is pronounced [z] as in the English *fuzz*. Otherwise it is pronounced [s] as in the English *fuss*.

   [z]   sehen, Sofa, Salat, Gemüse, Nase, lesen
   [s]   was, das, aus, Bus, Eis, Glas, Hals, als

   ss and ß are also pronounced [s]. ß [ɛstsɛt] is used after long vowels (Füße), before t (mußt), and at the end of a word (muß).

   [s]   Tasse, Wasser, besser, wissen, Professor, Gruß, Grüße, heiß, heißen, groß, Größe, läßt, weißt

7. z: It is pronounced [ts] as in English *rats*.

   [ts] zu, Zoo, Zahn, Zeit, zwischen, Dezember, Medizin, duzen, März, schwarz, Tanz, Toleranz, zick zack

8. s and z: Watch the contrast between these two letters.

so / Zoo	*so / zoo*	siegen / Ziegen	*to win / goats*
sauber / Zauber	*clean / magic*	sagen / zagen	*to say / to hesitate*

9. l: There is an important difference between English and German in the pronunciation of the letter l. When an American pronounces [l], the tongue forms a hump toward the back of the mouth, which makes the [l] sound "dark." For the German [l], the tongue is flat and touches just behind the front teeth; it is a very "light" sound. Listen for the difference between American and German [l]:

   feel / viel   *felt* / fällt   *built* / Bild

   [l]   laut, lernen, logisch, Limo, Klasse, kalt, Film, hell, Hotel, April, will, kühl

10. r: To avoid a noticeable American accent in German, avoid using the American [r]. In German you can either use a tongue-tip trill or a uvular trill. (The uvula is the little skin flap in the back of your mouth which vibrates when you gargle.) Listen for the difference between American and German [r]:

    rest / Rest   *fry* / frei   *ring* / Ring   *wrote* / rot

    [r]   rot, Rose, Radio, Rathaus, Reis, Rhein, fahren, hören, orange, Büro, Frage, Kreide, braun, grau, grün

Remember that r after a vowel at the end of a syllable or word, especially in the ending -er, is usually pronounced [ʌ].

[ʌ] Bilder, Kinder, aber, Zimmer, Körper, Lehrer, schwer, Papier, dir, ihr

B. Letter Combinations

11. sch: This sound [š] resembles the English *sh*, but in German the lips protrude more.

Scheck, Schach, Schiff, Schule, Schokolade, schreiben, schwer, waschen, Tisch, Fisch

12. st, sp: At the beginning of a word or word stem, they are pronounced [št] and [šp].

[št] Stock, Stein, still, Stadt, Statistik, Frühstück, verstehen
[šp] Sport, spät, spielen, Sprache, versprechen, Gespräch

Otherwise they sound the same as in English.

[st] ist, bist, Osten, Westen, Fenster, Gast, Post, Prost
[sp] Wespe, Kaspar, lispeln

13. ch: There are no English equivalents for the two German sounds [x] and [ç].

- [x] — the "ach-sound" — is produced in the same place as [k]. However, for [k] the breath stops, whereas for [x] it continues to flow through a narrow opening in the back of the throat. ch is pronounced [x] after a, o, u, and au.

ach, Bach, acht, Nacht, machen, lachen, noch, doch, Woche, suchen, Kuchen, Bauch, auch

Be sure to distinguish clearly between [k] and [x].

| Akt / acht | *act / eight* | Dock / doch | *dock / indeed* |
| nackt / Nacht | *naked / night* | buk / Buch | *baked / book* |

- [ç] — the "ich-sound" — is produced much farther forward in the mouth. ch is pronounced [ç] after the vowels e, i, ä, ö, ü, the diphthongs ei (ai) and eu (äu), and the consonants l, n, and r. The diminutive suffix -chen is also pronounced [çen]. The ending -ig is always pronounced [iç]. You can learn to make this sound by whispering loudly *you* or *Hugh*.

ich, mich, nicht, schlecht, sprechen, lächeln, möchten, Bücher, Zeichnung, Bäuche, Milch, München, furchtbar, Mädchen, richtig, ruhig, brummig

Be sure not to substitute [š] for [ç].

mich / misch   *me / mix*
ficht / fischt   *fights / fishes*
Männchen / Menschen *dwarf / people*

Often [x] and [ç] alternate automatically in different forms of the same word.

Buch / Bücher   *book / books*   Bauch / Bäuche   *belly / bellies*
Nacht / Nächte   *night / nights*

14. chs: It is pronounced [ks].

sechs, Wachs

15. ck: It sounds like [k].

dick, Picknick, Rock, Jacke, packen, Scheck

16. ph: It sounds like [f].

    Philosophie, Physik, photographieren, physisch, Phantasie

17. th: It sounds like [t].

    Thema, Theater, Theologie, Theorie, Mathematik, Bibliothek

18. tz: It sounds like [ts].

    Satz, Platz, setzen, trotz, Hitze
    also: Nation, Information, Portion, Variation

19. qu: It must be pronounced [kv].

    Quatsch, Quäker, Qualität, Quantität, Quartier, Quote

20. ng: It always is [ŋ] as in English *sing,* not [ng] as in *finger.*

    lang, englisch, singen, Finger, Hunger, Übung, Prüfung

21. pf: Both letters are pronounced: [pf].

    pfui, Pfeffer, Pfennig, Pfefferminz, pflanzen, Kopf, Dummkopf

22. ps: Both letters are pronounced: [ps].

    Psychologie, Psychologe, psychologisch, Psychiater, Psalm, Pseudonym

23. kn, gn: They sound just as they are spelled: [kn, gn].

    Knie, Knoten, Knackwurst, Knirps
    Gnu, Gneis, Vergnügen

IM SPRACHLABOR
(LABORATORY MANUAL)

SCHRITT

IM SPRACHLABOR

GESPRÄCHE

Each dialogue will be read twice. The first reading will be without interruption; during the second reading, the speakers will pause to let you repeat each phrase.

<u>Wie geht's?</u>

HERR SANDERS	Guten Tag!
FRAU LEHMANN	Guten Tag!
HERR SANDERS	Ich heiße Sanders, Willi Sanders. Und Sie, wie heißen Sie?
FRAU LEHMANN	Mein Name ist Erika Lehmann.
HERR SANDERS	Freut mich.

***

HERR MEIER	Guten Morgen, Frau Fiedler! Wie geht es Ihnen?
FRAU FIEDLER	Danke, gut. Und Ihnen?
HERR MEIER	Danke, es geht mir auch gut.

***

HEIDI	Hallo, Ute! Wie geht's?
UTE	Tag, Heidi! Ach, ich bin müde.
HEIDI	Ich auch. Zu viel Streß. Bis später!
UTE	Tschüß!

MÜNDLICHE ÜBUNGEN

You will hear a cue and a sentence (Willi Sanders: Ich heiße Willi Sanders). *Then you will be told to begin, and the same cue will be repeated* (Willi Sanders). *Say the sentence* (Ich heiße Willi Sanders), *and use the following cues in the same way. Always repeat the correct response after the speaker.*

1. Willi Sanders: <u>Ich heiße</u> Willi Sanders.

    ....

2. Erika Lehmann: <u>Heißen Sie</u> Erika Lehmann?

    ....

3. Hugo Schmidt: <u>Ja, ich heiße</u> Hugo Schmidt.

    ....

4. Oskar Meier: <u>Nein, ich heiße nicht</u> Oskar Meier.

    ....

5. Frau Fiedler: <u>Wie geht es Ihnen</u>, Frau Fiedler?

....

6. gut: <u>Es geht mir</u> gut.

....

AUSSPRACHE

Listen carefully and repeat after the speaker. If your lab setup permits, tape your responses and later compare your pronunciation with that of the native speakers.

A. Hören Sie zu, und wiederholen Sie! *(Listen and repeat.)*

1. [a:] Abend, Tag, Banane, Name, ja
2. [a] Anna, Albert, was, das, danke
3. [e:] Erika, Peter, Amerika, geht, Tee
4. [e] Ellen, Hermann, es, schlecht
5. [ə] Ute, danke, heiße, guten Morgen
6. [ʌ] Dieter Fiedler, Rainer Meier, Werner Schneider
7. [i:] Ihnen, Maria, Sabine, wie, Sie
8. [i] ich bin, bitte, nicht, Schritt
9. [o:] Monika, Hose, Boot, so, wo
10. [o] Oskar, oft, Morgen, Sommer, kosten
11. [u:] Ute, Gudrun, gut, Nudel, Schuh
12. [u] und, wunderbar, Gesundheit, Hunger, Butter

B. Das Alphabet

1. Hören Sie zu, und wiederholen Sie!

   a, b, c, d, e, f, g, h, i, j, k, l, m, n, o, p, q, r, s, t, u, v, w, x, y, z

2. Buchstabieren Sie auf deutsch! *(Spell in German.)*
   You will hear a cue and the German spelling of a word. Then you will be told to begin, and the same cue will be repeated. Spell the word, and use the following cues in the same way. Always repeat the correct response after the speaker.

   ja, gut, müde, danke, schlecht, heißen, Fräulein, Name, Morgen, wunderbar

VERSTEHEN SIE? *(Do you understand?)*

> *For this exercise and the next one, you will need the* Schritt 1 *answer sheet; remove* Übungsblatt S1 *at the end of this* Schritt.

Listen to this conversation between two neighbors. It will be read twice. You will then hear five statements printed on the answer sheet (Übungsblatt S1, *at the end of this* Schritt). *Circle* Richtig *if the statement is true or* Falsch *if it is false. First, listen.*

<u>GESPRÄCH</u>

ÜBUNGSBLATT S1A: ....

DIKTAT *(Dictation)*

During the pauses provided, write down on the Übungsblatt *what you hear. Each sentence will be repeated so that you can check your accuracy.*

ÜBUNGSBLATT S1B: ....

ÜBUNGSBLATT S1

A. VERSTEHEN SIE?

1. Es ist Abend.　　　　　　Richtig　•Falsch
2. Das Fräulein heißt Rose.　　Richtig　•Falsch
3. Das Fräulein ist müde.　　•Richtig　Falsch
4. Der Herr ist auch müde.　　Richtig　•Falsch
5. Der Herr heißt Rose.　　•Richtig　Falsch

B. DIKTAT

1) Guten Tag!

2) Wie geht es Ihnen?

3) Wie heißen Sie?

4) Ich heiße Klein.

5) Auf Wiedersehen!

SCHRITT 2 (A)

IM SPRACHLABOR

GESPRÄCH

<u>Was ist das?</u>

DEUTSCHPROFESSOR	Hören Sie jetzt gut zu, und antworten Sie auf deutsch! Was ist das?
JIM MILLER	Das ist der Bleistift.
DEUTSCHPROFESSOR	Welche Farbe hat der Bleistift?
SUSAN SMITH	Gelb.
DEUTSCHPROFESSOR	Bilden Sie einen Satz, bitte!
SUSAN SMITH	Der Bleistift ist gelb.
DEUTSCHPROFESSOR	Ist das Heft auch gelb?
DAVID JENKINS	Nein, das Heft ist nicht gelb. Das Heft ist hellblau.
DEUTSCHPROFESSOR	Gut!
SUSAN SMITH	Herr Professor, was bedeutet *hellblau*?
DEUTSCHPROFESSOR	*Hellblau* bedeutet *light blue* auf englisch.
SUSAN SMITH	Und wie sagt man *dark blue*?
DEUTSCHPROFESSOR	*Dunkelblau.*
SUSAN SMITH	Ah, der Kuli ist dunkelblau.
DEUTSCHPROFESSOR	Richtig! Das ist alles für heute. Für morgen lesen Sie bitte das Gespräch noch einmal, und lernen Sie auch die Wörter!

MÜNDLICHE ÜBUNGEN

1. der Tisch: <u>Das ist</u> der Tisch.

   ....

2. das Papier: <u>Wo ist</u> das Papier? <u>Da ist</u> das Papier.

   ....

3. das Buch: <u>Ist das</u> das Buch? <u>Ja, das ist</u> das Buch.

   ....

4. die Tafel: <u>Ist das</u> die Tafel? <u>Nein, das ist nicht</u> die Tafel.

   ....

5. schwarz: <u>Das ist</u> schwarz.

   ....

6. der Bleistift: <u>Welche Farbe hat</u> der Bleistift?

   ....

7. lesen: <u>Lesen Sie bitte</u>!

   ....

AUSSPRACHE

Hören Sie zu, und wiederholen Sie!

1. [e:]   Erika, Käthe, geht, lesen, Gespräch
2. [e]   Ellen Keller, Bäcker, Wände, hängen
3. [ö:]   Öl, hören, Löwenbräu, Goethe, Österreich
4. [ö]   Ötker, Pöppel, öffnen, Wörter
5. [ü:]   Tür, für, Stühle, Bücher, müde, typisch
6. [ü]   Jürgen Müller, Günter, müssen, Tschüß
7. [oi]   deutsch, freut, Europa, Fräulein, Löwenbräu
8. [au]   Frau Paula Bauer, auf, auch, blaugrau
9. [ai]   Rainer, Kreide, weiß, heißen, nein
10. [ai/i:] Heinz Fiedler, Beispiel, Heidi Thielemann

VERSTEHEN SIE?

Was und wie ist das?

ÜBUNGSBLATT S2A: ....

DIKTAT

ÜBUNGSBLATT S2B: ....

ÜBUNGSBLATT S2

A. VERSTEHEN SIE?

1. Das Fräulein heißt Schuster.   Richtig • Falsch
2. Das Fräulein ist Professorin.   Richtig • Falsch
3. Der Professor fragt das Fräulein.   • Richtig   Falsch
4. Das Buch ist nicht rot.   • Richtig   Falsch
5. Das Buch ist schwarz.   Richtig • Falsch

B. DIKTAT

1) Was ist das?
2) Antworten Sie.
3) Wiederholen Sie.
4) Auf deutsch, bitte.
5) Das ist richtig.
6)

SCHRITT 3

IM SPRACHLABOR

GESPRÄCHE

Im Kleidungsgeschäft

VERKÄUFERIN	Na, wie ist die Hose?
CHRISTIAN	Zu groß und zu lang.
VERKÄUFERIN	Und der Pulli?
MAIKE	Zu teuer.
CHRISTIAN	Aber die Farben sind toll. Schade!

***

CHRISTIAN	Mensch, wo ist meine Jacke?
MAIKE	Ich weiß nicht.
VERKÄUFERIN	Welche Farbe hat denn die Jacke?
CHRISTIAN	Blau.
VERKÄUFERIN	Ist das die Jacke?
MAIKE	Ja, danke!

MÜNDLICHE ÜBUNGEN

1. der Schuh: <u>Das ist</u> der Schuh.

   ....

2. alt / neu: <u>Das Gegenteil von</u> alt <u>ist</u> neu.

   ....

3. der Mantel / alt: <u>Ist</u> der Mantel alt? <u>Nein</u>, der Mantel <u>ist nicht</u> alt.

   ....

4. Jacken / klein: <u>Sind die</u> Jacken <u>zu</u> klein? <u>Ja</u>, die Jacken <u>sind zu</u> klein.

   ....

5. schreiben: Schreiben <u>Sie bitte schnell</u>!

   ....

6. Verstehen Sie das?: <u>Ja, ich</u> verstehe <u>das</u>.

   ....

AUSSPRACHE

Hören Sie zu, und wiederholen Sie!

1. [l] lernen, lesen, langsam, Pullover, Kuli
2. [z] sagen, sauber, sie sind, lesen, Bluse, Hose
3. [s] Professor, passen, heißen, was, groß, weiß
4. [st] ist, kosten, Fenster
5. [št] Stephan, Stuhl, Stein, Bleistift, verstehen
6. [šp] sprechen, Beispiel, Gespräch, Aussprache
7. [š] schlecht, schnell, schmutzig, schwarz, falsch
8. [ks] Axel, Max, Felix, Beatrix

VERSTEHEN SIE?

Die Deutschklasse

ÜBUNGSBLATT S3A: ....

DIKTAT

ÜBUNGSBLATT S3B: ....

ÜBUNGSBLATT S3

A. VERSTEHEN SIE?

1. Der Herr ist langsam.   Richtig • **Falsch**
2. Das Fräulein heißt Stoll.   • **Richtig** Falsch
3. Fräulein Stoll lernt Deutsch. • **Richtig** Falsch
4. Die Schuhe sind schwarz.   Richtig • **Falsch**
5. Die Schuhe sind nicht neu.   • **Richtig** Falsch

B. DIKTAT

1) Der Mantel ist dick.
2) Das Hemd ist dünn.
3) Verstehen Sie das?
4) Sprechen Sie langsam.
5) Noch einmal bitte!

SCHRITT

IM SPRACHLABOR

GESPRÄCH

<u>Was kostet das?</u>

VERKÄUFER	Guten Tag! Was darf's sein?
SILVIA	Ich brauche ein paar Bleistifte, zwei Kulis und Papier. Was kosten die Bleistifte?
VERKÄUFER	Fünfundneunzig Pfennig (0,95 DM).
SILVIA	Und der Kuli?
VERKÄUFER	Zwei Mark fünfundsiebzig (2,75 DM).
SILVIA	Und was kostet das Papier da?
VERKÄUFER	Nur sechs Mark zwanzig (6,20 DM).
SILVIA	Gut, ich nehme sechs Bleistifte, zwei Kulis und das Papier.
VERKÄUFER	Ist das alles?
SILVIA	Ja, danke.
VERKÄUFER	Siebzehn Mark vierzig (17,40 DM), bitte!

MÜNDLICHE ÜBUNGEN

1. Zählen Sie von 1 bis 25!

   1, 2, 3, 4, 5, 6, 7, 8, 9, 10, 11, 12, 13, 14, 15, 16, 17, 18, 19, 20, 21, 22, 23, 24, 25

2. Welche Zahl folgt? *(What number follows?)*

   acht: <u>neun</u>

   ....
   ....

3. Wiederholen Sie die Preise! *(Repeat the prices.)*

   2,30 DM   3,25 DM   4,75 DM   8,90 DM   1,10 DM

4. Was ist die Antwort?

   2 + 3 = ?   <u>2 + 3 = 5</u>

   ....

AUSSPRACHE

Hören Sie zu, und wiederholen Sie!

1. [ts]   zwei, zehn, zwölf, zwanzig, zweiundzwanzig, zweihundertzweiundzwanzig

2. [z/ts]   sechs, sechzehn, sechzig, sechsundsechzig, sechshundertsechsundsechzig, sieben, siebzig, siebenundsiebzig, siebenhundertsiebenundsiebzig

3. [v]   wie, was, wo, Wand, Wort, wiederholen

4. [f]   vier, vierzehn, vierzig, vierundvierzig, vierhundertvierundvierzig

5. [f]   fünf, fünfzehn, fünfzig, fünfundfünfzig, fünfhundertfünfundfünfzig, öffnen, auf

6. [pf] Pfennig, Pfeffer, Pfefferminz, Dummkopf, pfui

7. [kv] Qualität, Quantität, Quartett, Quintett, Äquator

VERSTEHEN SIE?

Im Kleidungsgeschäft

ÜBUNGSBLATT S4A: ....

DIKTAT

ÜBUNGSBLATT S4B: ....
....

ÜBUNGSBLATT S4

A. VERSTEHEN SIE?

1. Herr Zink braucht . . .
   a. einen Mantel
   • b. zwei Hemden
   • c. eine Hose

2. Herr Zink braucht . . .
   • a. keine Jacke
   b. keine Schuhe
   c. keine Hose

3. Die Schuhe kosten . . .
   a. 40,— DM
   • b. 99,— DM
   c. 112,— DM

4. Die Hose kostet . . .
   • a. 73,— DM
   b. 37,— DM
   c. 70,— DM

5. Das kostet zusammen . . .
   a. 200,25 DM
   b. 220,50 DM
   • c. 280,75 DM

B. DIKTAT

1) 27
2) 12
3) 98
4) 36
5) 111
6) 250
7) 501
8) 660
9) 777
10) 1.000

SCHRITT 5

IM SPRACHLABOR

GESPRÄCHE

Das Wetter im April

NORBERT	Es ist schön heute, nicht wahr?
JULIA	Ja, wirklich. Die Sonne scheint wieder!
RUDI	Aber der Wind ist kühl.
JULIA	Ach, das macht nichts.
NORBERT	Ich finde es toll.

***

DOROTHEA	Das Wetter ist furchtbar, nicht wahr?
MATTHIAS	Das finde ich auch. Es regnet und regnet!
SONJA	Und es ist wieder so kalt.
MATTHIAS	Ja, typisch April.

MÜNDLICHE ÜBUNGEN

A. Wie heißen die Jahreszeiten, Monate und Tage?

1. Die Jahreszeiten heißen . . . *die Frühling*
2. Die Monate heißen . . . *April*
3. Die Tage heißen . . .

B. Mustersätze

1. schön: <u>Es ist heute</u> schön.

   ....

2. sehr kalt: <u>Es ist</u> sehr kalt.

   ....

3. prima: <u>Ich finde es</u> prima.

   ....

4. Juli: <u>Ich bin im</u> Juli <u>geboren</u>.

   ....

AUSSPRACHE

Hören Sie zu, und wiederholen Sie!

1. [r] richtig, regnet, rot, rosa, braun, grün, drei, fragen, Frau, Freitag, lernen, hören
2. [ʌ] wir, vier, oder, aber, nur, Wetter, Sommer, Winter
   BUT: [ʌ/r] Tür / Türen; Jahr / Jahre; Uhr / Uhren
3. [p] Papier, Pullover, kaputt AND: Herbst, gelb, halb
   BUT: [p/b] gelb / gelbe; halb / halbe
4. [t] Tür, Tisch, Dorothea, bitte AND: und, tausend, Bild, Kleid, Hemd, Wand
   BUT: [t/d] Bild / Bilder; Kleid / Kleider; Hemd / Hemden; Wand / Wände
5. [k] klein, danke, Jacke, dick AND: sagt, fragt, Tag
   BUT: [k/g] sagt / sagen; fragt / fragen; Tag / Tage
6. [j] ja, Jahr, Januar, Juni, Juli
7. [h] hören, heiß, hat, hundert
8. [:] zählen, nehmen, Ihnen, Stuhl, Schuh

VERSTEHEN SIE?

Das Wetter

ÜBUNGSBLATT S5A: ....

DIKTAT

ÜBUNGSBLATT S5B: ....

NAME _____ DATUM _____ KURS _____

ÜBUNGSBLATT S5

A. VERSTEHEN SIE?

1. Es ist Herbst.   Richtig •Falsch
2. Es regnet.   Richtig •Falsch
3. Die Sonne scheint nicht.   Richtig •Falsch
4. Michael findet das Wetter wunderbar.   •Richtig   Falsch
5. Jutta findet es heute sehr heiß.   •Richtig   Falsch

B. DIKTAT

1. Das Wetter ist schlecht.
2. Die Sonne scheint nicht.
3. Es regnet wieder.
4. Es ist auch kalt, nicht wahr?
5. Das findet es furchtbar.

SCHRITT 6

IM SPRACHLABOR

GESPRÄCHE

Wie spät ist es?

RITA   Hallo, Axel! Wie spät ist es?
AXEL   Hallo, Rita! Es ist zehn vor acht.
RITA   Oje, in zehn Minuten habe ich Philosophie.
AXEL   Dann mach's gut! Tschüß!
RITA   Ja, Tschüß!

***

PHILLIP   Hallo, Steffi! Wieviel Uhr ist es denn?
STEFFI   Tag, Phillip! Es ist halb zwölf.
PHILLIP   Gehen wir jetzt essen?
STEFFI   OK, die Vorlesung beginnt erst um Viertel nach eins.

***

HERR RICHTER   Wann sind Sie heute fertig?
HERR HEROLD   Um zwei. Warum?
HERR RICHTER   Spielen wir heute Tennis?
HERR HEROLD   Ja, prima! Es ist jetzt halb eins. Um Viertel vor drei dann?
HERR RICHTER   Gut! Bis später!

MÜNDLICHE ÜBUNGEN

Wie spät ist es?

1. 1.00: Es ist ein Uhr.

   3.00 / 5.00 / 7.00

2. 1.05: Es ist fünf nach eins.

   1.07 / 1.10 / 1.20

3. 1.15: Es ist Viertel nach eins.

   2.15 / 4.15 / 6.15

4. 1.30: Es ist halb zwei.

   2.30 / 4.30 / 6.30

5. 1.40: Es ist zwanzig vor zwei.

   1.50 / 1.55 / 1.59

6. 1.45: <u>Es ist Viertel vor</u> zwei.

   3.45 / 5.45 / 7.45

7. 9.00: <u>Die Vorlesung ist um</u> neun.

   10.15 / 11.30 / 12.45

AUSSPRACHE

Hören Sie zu, und wiederholen Sie!

1. [x]   <u>acht</u>, <u>acht</u>hunder<u>tach</u>tund<u>acht</u>zig, au<u>ch</u>, brau<u>ch</u>en, Wo<u>ch</u>e, Bu<u>ch</u>
2. [ç]   i<u>ch</u>, ni<u>ch</u>t, wirkli<u>ch</u>, wel<u>ch</u>e, s<u>ch</u>le<u>ch</u>t, spre<u>ch</u>en, Gesprä<u>ch</u>e, Bü<u>ch</u>er
3. [iç] rich<u>tig</u>, fer<u>tig</u>, sech<u>zig</u>, fünf<u>zig</u>, Pfenn<u>ig</u>
4. [ks] se<u>chs</u>, se<u>chs</u>undse<u>chs</u>zig, se<u>chs</u>hunderts<u>echs</u>undse<u>chs</u>zig
5. [k]   <u>Ch</u>ristian, <u>Ch</u>ristine, <u>Ch</u>aos
6. [k]   Ja<u>ck</u>e, Ro<u>ck</u>, Pi<u>ck</u>nick
7. [ŋ]   I<u>ng</u>e La<u>ng</u>e, Wolfga<u>ng</u> E<u>ng</u>el, e<u>ng</u>lisch, Frühli<u>ng</u>
8. [gn] re<u>gn</u>et, resi<u>gn</u>ieren, Si<u>gn</u>al
9. [kn] <u>Kn</u>irps, <u>Kn</u>ie, <u>Kn</u>oten
10. [ps] <u>Ps</u>ychologie, <u>Ps</u>ychiater, <u>Ps</u>ychoanalyse, <u>Ps</u>eudonym

VERSTEHEN SIE?

<u>Axels Stundenplan</u>

ZEIT	MONTAG	DIENSTAG	MITTWOCH	DONNERSTAG	FREITAG	SAMSTAG
7:55 – 8:40	Physik	Sport	Geschichte	Latein	Chemie	Sozialkunde
8:45 – 9:30	Latein	"	Mathe	Deutsch	Geschichte	Englisch
9:40 – 10:25	Franz.	Chemie	Franz.	"	Franz.	Latein
10:30 – 11:15	Mathe	Religion	"	Englisch	Mathe	
11:35 – 12:20	Deutsch	Englisch	Biologie	Physik	Latein	
12:25 – 13:10	Musik	Deutsch	Erdkunde	Mathe	Biologie	

ÜBUNGSBLATT S6A: ....

DIKTAT

ÜBUNGSBLATT S6B: ....

ÜBUNGSBLATT S6

A. VERSTEHEN SIE?

1. Es ist . . .
  • a. Montag
    b. Mittwoch
    c. Samstag

2. Axel hat heute . . .
    a. vier Stunden
  • b. sechs Stunden
    c. keine Stunden

3. Die Mathematikstunde beginnt um . . .
    a. Viertel nach zehn
  • b. halb elf
    c. Viertel vor zwölf

4. Axel beginnt morgens um . . .
  • a. fünf vor acht
    b. zehn nach acht
    c. halb neun

5. Er ist um . . . fertig.
  • a. zehn nach eins
    b. Viertel nach eins
    c. fünf nach halb eins

B. DIKTAT

① Wieviel Uhr ist es?
② Es ist halb zwei.
③ Ich habe eine Vorlesung
④ Wir spielen heute Tennis
⑤ Wann essen Sie abends?

KAPITEL 1

IM SPRACHLABOR

TEIL EINS *(Part One)*

GESPRÄCHE

Listen to the first dialogue. During the second reading, repeat each phrase in the pause provided. After listening to the second dialogue, read the requested role. Answer the comprehension questions at the end of this section on the Übungsblatt.

Im Goethe Institut

SHARON	Roberto, woher kommst du?
ROBERTO	Ich bin aus Rom. Und du?
SHARON	Ich komme aus Sacramento, aber jetzt wohnt meine Familie in Seattle.
ROBERTO	Hast du Geschwister?
SHARON	Ja, ich habe zwei Schwestern und zwei Brüder. Und du?
ROBERTO	Ich habe nur eine Schwester. Sie wohnt in Montreal, in Kanada.
SHARON	Wirklich? So ein Zufall! Mein Onkel wohnt auch da.

***

Später

ROBERTO	Sharon, wann ist die Prüfung?
SHARON	In zehn Minuten. Du, wie heißen ein paar Flüsse in Deutschland?
ROBERTO	Im Norden ist die Elbe, im Osten die Oder, im Süden . . .
SHARON	Die Donau?
ROBERTO	Richtig! Und im Westen der Rhein. Wo liegt Düsseldorf?
SHARON	Düsseldorf? Hm. Wo ist eine Landkarte?
ROBERTO	O hier. Im Westen von Deutschland, nördlich von Bonn, am Rhein.
SHARON	Ach ja, richtig! Na, viel Glück!

Tear out the ÜBUNGSBLATT *before beginning each chapter. You will need it several times during each lab session.*

ÜBUNGSBLATT 1A: ....

THE PRESENT TENSE

In the following sections you will be asked to make structural changes. Listen closely to the cues and make the proper adjustments. Always repeat the correct answer after the speaker. The questions at the end of this section will check your mastery of the material.

A. Ersetzen Sie das Subjekt!

1. Ich lerne Deutsch. (wir)
   Wir lernen Deutsch.

   ....

2. Sie antworten jetzt. (er)
   Er antwortet jetzt.

   ....

3. Wir öffnen das Buch. (du)
   Du öffnest das Buch.

   ....

B. Die anderen auch *(the others, too)*.

Ich komme aus Amerika. (Paul)
Paul kommt auch aus Amerika.

....

THE NOMINATIVE CASE

C. Wiederholen Sie die Wörter mit ein und kein!

der Berg
ein Berg, kein Berg

....

D. Bilden Sie Sätze!

1. Hamburg / Stadt
   Hamburg ist eine Stadt.

   ....

2. der Rhein / Land
   Der Rhein ist kein Land.

   ....

ÜBUNGSBLATT 1B: ....

TEIL ZWEI

E. Ersetzen Sie das Subjekt!

Das Kind ist müde.
Es ist müde.

....

F. Antworten Sie mit ja!

Ist Sharon Amerikanerin?
Ja, sie ist Amerikanerin.

....

G. Wer oder was?

Das ist der Vater.
Wer ist das?
Das ist ein See.
Was ist das?

....

SENTENCE STRUCTURE

H. Sagen Sie es anders!

Es ist kalt im Winter. (im Winter)
Im Winter ist es kalt.

....

ÜBUNGSBLATT 1C: ....

AUSSPRACHE *(See also II.1, 3-4, 11-13, 17, 19-20 in the pronunciation section.)*

A. Hören Sie zu, und wiederholen Sie!

1. [i:] Ihnen, liegen, wieder, Wien, Berlin
2. [i]   ich bin, bitte, Kind, richtig
3. [a:] Frage, Sprache, Amerikaner, Spanier, Vater
4. [a]   Stadt, Landkarte, Kanada, Satz, Tante
5. [u:] gut, Bruder, Kuli, Minute, du
6. [u]   und, Stunde, Junge, Mutter, Fluß

B. **Wortpaare** *(Repeat the pairs of words in the pauses provided.)*

1. a. still
   b. Stil

2. a. Stadt
   b. Staat

3. a. Kamm
   b. komm

4. a. Schiff
   b. schief

5. a. Rum
   b. Ruhm

6. a. Ratte
   b. rate

Was hören Sie jetzt? b̶(a).. b... b... b... a... a...

VERSTEHEN SIE?

This section is intended to develop your listening skills. Listen carefully as the text is read twice. The questions that follow let you check your understanding of the passage. Mark the correct answer on the Übungsblatt.

Frankfurt

ÜBUNGSBLATT 1D: ....

DIKTAT

ÜBUNGSBLATT 1E: ....

EINBLICKE

Viele Länder, viele Sprachen

NAME _____ DATUM _____ KURS _____

ÜBUNGSBLATT 1

A. GESPRÄCHE

- **1. Richtig**   Falsch
- 2. Richtig   **Falsch**
- **3. Richtig**   Falsch
- **4. Richtig**   Falsch
- 5. Richtig   **Falsch**

B. VERB FORMS

1. Meine Großmutter ___wohnt___ in München.

2. Ich ___bin___ auch aus München.

C. PRONOUNS

1. ___Er___ ist klein.

2. ___Sie___ beginnt um eins.

D. VERSTEHEN SIE?

- **1. Richtig**   Falsch
- 2. Richtig   **Falsch**
- 3. Richtig   **Falsch**
- 4. Richtig   **Falsch**
- **5. Richtig**   Falsch

E. DIKTAT

Herr und Frau Bruegel haben zwei Kinder.
Sie sprechen zu Hause Französisch.
Sie lernen Deutsch.
Die Sprachenlernen ist wichtig.

KAPITEL 2

IM SPRACHLABOR

TEIL EINS

GESPRÄCHE

Im Lebensmittelgeschäft

VERKÄUFER	Guten Tag! Was darf's sein?
OLIVER	Ich hätte gern etwas Obst. Haben Sie denn keine Bananen?
VERKÄUFER	Doch, da drüben.
OLIVER	Was kosten sie?
VERKÄUFER	1,80 DM das Pfund.
OLIVER	Und die Orangen?
VERKÄUFER	90 Pfennig das Stück.
OLIVER	Gut, zwei Pfund Bananen und sechs Orangen bitte!
VERKÄUFER	Sonst noch etwas?
OLIVER	Ja, zwei Kilo Äpfel bitte!
VERKÄUFER	16,20 DM, bitte! Danke! Auf Wiedersehen!

***

In der Bäckerei

VERKÄUFER	Guten Morgen! Was darf's sein?
SIMONE	Guten Morgen! Ein Schwarzbrot und sechs Brötchen, bitte!
VERKÄUFER	Sonst noch etwas?
SIMONE	Ja, ich brauche etwas Kuchen. Ist der Apfelstrudel frisch?
VERKÄUFER	Natürlich, ganz frisch.
SIMONE	Gut, dann nehme ich vier Stück.
VERKÄUFER	Ist das alles?
SIMONE	Ich möchte auch ein paar Plätzchen. Was für Plätzchen haben Sie heute?
VERKÄUFER	Zitronenplätzchen, Schokoladenplätzchen, Butterplätzchen...
SIMONE	Hm... Ich nehme 250 Gramm Schokoladenplätzchen.
VERKÄUFER	Noch etwas?
SIMONE	Nein, danke. Das ist alles.
VERKÄUFER	Das macht dann 18,90 DM, bitte.

ÜBUNGSBLATT 2A: C.. A.. B.. B..

THE PRESENT TENSE OF <u>SEIN</u> *AND* <u>HABEN</u>

A. Ersetzen Sie das Subjekt!

1. Er ist aus Amerika. (Peter und Ellen)
   Peter und Ellen sind aus Amerika.

2. Wir haben zwei Kinder. (Müllers)
   Müllers haben zwei Kinder.

   ....

B. Die anderen auch

   Ich habe drei Brüder. (Eva)
   Eva hat auch drei Brüder.

   ....

THE ACCUSATIVE CASE

C. Ersetzen Sie das Objekt!

   1. Ich brauche eine Jacke. (Mantel)
      Ich brauche einen Mantel.

      ....

   2. Wir nehmen die Butter. (Käse)
      Wir nehmen den Käse.

      ....

   3. Sehen Sie das Mädchen? (Kinder)
      Sehen Sie die Kinder?

      ....

   4. Das ist für meine Mutter. (Vater)
      Das ist für meinen Vater.

      ....

   5. Wir gehen durch die Stadt. (Zimmer)
      Wir gehen durch das Zimmer.

      ....

D. <u>Wen</u> oder <u>was</u>?

   Wir lernen Geographie.
   Was lernen wir?

   ....

ÜBUNGSBLATT 2B: ....

TEIL ZWEI

E. Verneinen Sie es!

   Kaufen Sie das für Ihren Großvater? (Onkel)
   Nein, ich kaufe das für meinen Onkel.

   ....

NEGATION

F. Verneinen Sie mit kein!

   1. Das ist ein Satz.
      Das ist kein Satz.

      ....

   2. Brauchen Sie Papier?
      Nein, ich brauche kein Papier.

      ....

G. Verneinen Sie mit nicht!

   Der Fisch ist frisch.
   Der Fisch ist nicht frisch.

   ....
   ....

H. kein oder nicht?

   Wir haben Plätzchen.
   Wir haben keine Plätzchen.

   ....
   ....

ÜBUNGSBLATT 2C: ....

AUSSPRACHE *(See also II.2, 5, 14-16, 18, and 21 in the pronunciation section.)*

A. Hören Sie zu, und wiederholen Sie!

   1. [e:] gehen, nehmen, Käse, Amerika, Tee
   2. [e]   es, sprechen, Mensch, Geschäft, Hemd
   3. [o:] ohne, oder, Obst, Brot, Bohne
   4. [o]   kommen, doch, Osten, Norden, Sonne

B. Wortpaare

1. a. *gate*
   b. geht

2. a. den
   b. denn

3. a. zähle
   b. Zelle

4. a. *shown*
   b. schon

5. a. Ofen
   b. offen

6. a. Bonn
   b. Bann

Was hören Sie jetzt? a/b a/a b/b a/a b/b b/b

VERSTEHEN SIE?

Einkaufspläne

ÜBUNGSBLATT 2D: R. R. F(F). R. F.

DIKTAT

ÜBUNGSBLATT 2E:
① Carolyn ist Studentin in Regensburg.
② Ursula u. Peter sind auch Studenten.
③ Sie trinken Kaffee.
④ Sie essen Brot, Butter u. Marmelade.

EINBLICKE

Sonntags sind die Geschäfte zu

NAME _____ DATUM _____ KURS _____

ÜBUNGSBLATT 2

A. GESPRÄCHE

1. a. 50 Pfennig das Stück
   b. 11,20 DM
   (c.) 1,80 DM das Pfund

2. (a.) 2
   b. 6
   c. 50

3. a. 4
   (b.) 6
   c. 300

4. a. Apfelstrudel
   (b.) Weißbrot
   c. Schokoladenplätzchen

B. *PRESENT TENSE AND ACCUSATIVE CASE*

1. a. Wir _haben Zeit_.

   b. Ich _bin siebzehn_.

2. a. Das Buch ist für _den Großvater_.

   b. Er kommt durch _die Tür_.

C. *NEGATION*

1. Ich kaufe _Ich kaufe den Wein nicht_.

2. Sie haben _Sie haben keinen Wein_.

D. VERSTEHEN SIE?

1. •Richtig   Falsch
2. •Richtig   Falsch
3. Richtig   •Falsch
4. •Richtig   Falsch
5. Richtig   •Falsch

E. DIKTAT

1) Carolyn ist Studentin in Regensburg.
2) Ursula u. Peter sind auch Studenten.
3) Sie trinken Kaffee.
4) Sie essen Brot, Butter, u. Marmelade.

KAPITEL 3

IM SPRACHLABOR

TEIL EINS

GESPRÄCHE

<u>Im Restaurant</u>

AXEL   Herr Ober, die Speisekarte bitte!
OBER   Hier bitte!
AXEL   Was empfehlen Sie heute?
OBER   Die Menüs sind alle sehr gut.
AXEL   Gabi, was nimmst du?
GABI   Ich weiß nicht. Was nimmst du?
AXEL   Ich glaube, ich nehme Menü eins: Schnitzel und Kartoffelsalat.
GABI   Und ich nehme Menü zwei: Rindsrouladen mit Kartoffelklößen.
OBER   Möchten Sie etwas trinken?
GABI   Ein Glas Apfelsaft, und du?
AXEL   Mineralwasser. *(Der Ober kommt mit dem Essen.)* Guten Appetit!
GABI   Danke, gleichfalls. Mm, das schmeckt gut.
AXEL   Das Schnitzel auch.

***

<u>Später</u>

GABI   Wir möchten zahlen, bitte!
OBER   Ja, bitte. Alles zusammen?
GABI   Ja. Geben Sie mir die Rechnung, bitte!
AXEL   Nein, nein, nein!
GABI   Doch, Axel! Heute bezahle ich.
OBER   Also, einmal Menü eins, einmal Menü zwei, ein Apfelsaft, ein Mineralwasser, zwei Tassen Kaffee. Sonst noch etwas?
AXEL   Ja, ein Brötchen.
OBER   Das macht 60,60 DM, bitte.
GABI   62,00 Mark, bitte.
OBER   Und acht Mark zurück. Vielen Dank!

ÜBUNGSBLATT 3A: ....

VERBS WITH VOWEL CHANGES

A. Ersetzen Sie das Subjekt!

   1. Nehmen Sie den Pudding? (ihr)
      Nehmt ihr den Pudding?

      ....

   2. Wir fahren langsam. (er)
      Er fährt langsam.

      ....

   3. Sie wird schnell fertig. (du)
      Du wirst schnell fertig.

      ....

B. Formulieren Sie Fragen!

   Ich fahre schnell.
   Fährst du auch schnell?

   ....

THE DATIVE CASE

C. Ersetzen Sie das Dativobjekt!

   1. Die Stadt gefällt dem Engländer. (Amerikaner)
      Die Stadt gefällt dem Amerikaner.

      ....

   2. Der Mantel gehört dem Mädchen. (Schwester)
      Der Mantel gehört der Schwester.

      ....

   3. Er dankt den Nachbarn. (Brüder)
      Er dankt den Brüdern.

      ....

   4. Ich kaufe meinem Vater ein Buch. (Mutter)
      Ich kaufe meiner Mutter ein Buch.

      ....

D. Ersetzen Sie das Dativobjekt!

   1. Der Ober kommt mit der Speisekarte. (Salz)
      Der Ober kommt mit dem Salz.

      ....

2. Das Restaurant ist bei dem Markt. (Kaufhaus)
   Das Restaurant ist bei dem Kaufhaus.

   ....

3. Die Uhr ist von meinem Großvater. (Großmutter)
   Die Uhr ist von meiner Großmutter.

   ....

ÜBUNGSBLATT 3B: ....

TEIL ZWEI

E. Ferienpläne *(vacation plans)*

   Uwe fährt nach Holland, und du? (Spanien)
   Ich fahre nach Spanien.

   ....

F. <u>Wem</u> oder <u>wen</u>?

   Er hilft dem Freund.
   Wem hilft er?

   ....
   ....

G. <u>Zu Hause</u> oder <u>nach Hause</u>?

   Sie sind zu Hause. (fahren)
   Sie fahren nach Hause.

   ....

ÜBUNGSBLATT 3C: ....

AUSSPRACHE *(See also II.22-28 in the pronunciation section.)*

A. Hören Sie zu, und wiederholen Sie!

   1. [ü:] über, Tür, für, Frühling, Prüfung, Gemüse, südlich, grün, natürlich, müde
   2. [ü] Flüsse, Würste, Stück, Müller, München, fünf, fünfundfünfzig, dünn

B. Wortpaare

1. a. vier
   b. für

2. a. missen
   b. müssen

3. a. Stuhle
   b. Stühle

4. a. Mutter
   b. Mütter

5. a. fühle
   b. fülle

6. a. Goethe
   b. Güte

Was hören Sie jetzt? ....

VERSTEHEN SIE?

Frau Wagner geht einkaufen

ÜBUNGSBLATT 3D: ....

DIKTAT

ÜBUNGSBLATT 3E: ....

EINBLICKE

Man ist, was man ißt

NAME _____ DATUM _____ KURS _____

ÜBUNGSBLATT 3

A. GESPRÄCHE

1. Richtig   Falsch   4. Richtig   Falsch
2. Richtig   Falsch   5. Richtig   Falsch
3. Richtig   Falsch

B. *VERBS WITH VOWEL CHANGES AND THE DATIVE CASE*

1. a. Ralph _____ Peter nicht.

   b. Inge _____ zum See.

2. a. Der Ober gibt _____ die Rechnung.

   b. Die Bücher gehören _____ .

   c. Axel kommt aus _____ .

C. *INTERROGATIVE PRONOUNS,* ZU HAUSE VERSUS NACH HAUSE

1. a. _____ er?

   b. _____ sie es?

2. a. zu Hause   nach Hause
   b. zu Hause   nach Hause

D. VERSTEHEN SIE?

1. Richtig   Falsch   4. Richtig   Falsch
2. Richtig   Falsch   5. Richtig   Falsch
3. Richtig   Falsch

E. DIKTAT

KAPITEL 4

IM SPRACHLABOR

TEIL EINS

GESPRÄCHE

Am Telefon

CHRISTA   Hallo, Michael!
MICHAEL   Hallo, Christa! Wie geht's dir denn?
CHRISTA   Nicht schlecht, danke. Was machst du am Wochenende?
MICHAEL   Nichts Besonderes. Warum?
CHRISTA   Klaus hat übermorgen Geburtstag, und wir geben eine Party.
MICHAEL   Super! Aber bist du sicher, daß Klaus übermorgen Geburtstag hat? Ich glaube, sein Geburtstag ist schon gewesen.
CHRISTA   Quatsch! Klaus hat am 3. Mai Geburtstag. Und Samstag ist der dritte.
MICHAEL   Na gut! Wann und wo ist die Party?
CHRISTA   Samstag um sieben bei mir. Aber nichts sagen! Es ist eine Überraschung.
MICHAEL   OK! Also, bis dann!
CHRISTA   Tschüß! Mach's gut!

***

Klaus klingelt bei Christa

CHRISTA   Tag, Klaus! Herzlichen Glückwunsch zum Geburtstag!
KLAUS   Grüß dich! Danke!
MICHAEL   Ich wünsche dir alles Gute zum Geburtstag.
KLAUS   Tag, Michael . . . Hallo, Gerda! Kurt und Sabine, ihr auch? Was macht ihr denn alle hier?
ALLE   Wir gratulieren dir zum Geburtstag!
KLAUS   Danke! So eine Überraschung!

ÜBUNGSBLATT 4A: ....

ORDINALS

A. Lesen Sie!

1.11.
<u>der erste November</u>

12.4. / 31.12. / 12.7. / 22.3. / 18.5. / 11.11. / 1.3. / 30.1.

THE PRESENT PERFECT

B. Ersetzen Sie das Subjekt!

1. Ich habe Obst gekauft. (wir)
   Wir haben Obst gekauft.

   ....

2. Er hat nicht geantwortet. (ihr)
   Ihr habt nicht geantwortet.

   ....

3. Hat sie schon gegessen? (ihr)
   Habt ihr schon gegessen?

   ....

C. Ersetzen Sie das Verb!

1. Ich habe Klaus ein Buch gekauft. (geben)
   Ich habe Klaus ein Buch gegeben.

   ....

2. Wir haben Gerda nicht gesehen. (finden)
   Wir haben Gerda nicht gefunden.

   ....

3. Wir haben ein Zimmer bestellt. (bekommen)
   Wir haben ein Zimmer bekommen.

   ....

D. Was haben die Studenten am Wochenende gemacht? Bilden Sie Sätze!

   eine Party geben
   Ich habe eine Party gegeben.

   ....
   ....

ÜBUNGSBLATT 4B: ....

TEIL ZWEI

THE PRESENT PERFECT WITH SEIN

E. Ersetzen Sie das Subjekt!

   1. Er ist fertig geworden. (ich)
      Ich bin fertig geworden.

     ....

   2. Sie ist nach Hause gegangen. (wir)
      Wir sind nach Hause gegangen.

     ....

F. Sagen Sie es im Perfekt!

   Sie laufen um den See.
   Sie sind um den See gelaufen.

   ....

SUBORDINATE CLAUSES

G. Beginnen Sie mit <u>Er fragt . . .</u>!

   Wieviel Uhr ist es?
   Er fragt, wieviel Uhr es ist.

   ....

H. Beginnen Sie mit <u>Sie fragen, ob . . .</u>!

   Ist Klaus zu Hause?
   Sie fragen, ob Klaus zu Hause ist.

   ....

I. Beginnen Sie mit <u>Sie schreibt, daß . . .</u>!

   Klaus hat Geburtstag gehabt.
   Sie schreibt, daß Klaus Geburtstag gehabt hat.

   ....

ÜBUNGSBLATT 4C: ....

AUSSPRACHE *(See also III.13-15 in the pronunciation section.)*

A. Hören Sie zu, und wiederholen Sie!

1. [ç] ich, nicht, furchtbar, vielleicht, manchmal, sprechen, Rechnung, Mädchen, Milch, durch, gewöhnlich, richtig, wichtig
2. [x] ach, acht, machen, Weihnachten, auch, brauchen, Woche, noch, doch, Buch, Kuchen
3. [ks] sechs, sechste
4. [k] dick, Zucker, Bäcker, Rock, Jacke, Frühstück, schmecken

B. Wortpaare

1. a. mich
   b. misch

2. a. Kirche
   b. Kirsche

3. a. nickt
   b. nicht

4. a. lochen
   b. locken

5. a. Nacht
   b. nackt

6. a. möchte
   b. mochte

Was hören Sie jetzt? ....

VERSTEHEN SIE?

Der Geburtstag

ÜBUNGSBLATT 4D: ....

DIKTAT

ÜBUNGSBLATT 4E: ....

EINBLICKE

<u>Deutsche Feste</u>

NAME _____ DATUM _____ KURS _____

ÜBUNGSBLATT 4

A. GESPRÄCHE

1. _____

2. _____

3. _____

4. _____

B. *DATES AND VERBS*

1. Beispiel: Heute ist der <u>12.4.</u>.

   a. Heute ist der _____ .

   b. Heute ist der _____ .

2. a. Die Kinder _____ Kuchen _____ .

   b. Sie _____ Deutsch _____ .

   c. Das _____ nicht viel _____ .

C. *PRESENT PERFECT, SUBORDINATE CLAUSES*

1. a. _____ ihr durch die Stadt _____ ?

   b. Meine Schuhe _____ schmutzig _____ .

2. a. Er fragt, _____ .

   b. Er fragt, _____ .

   c. Er fragt, _____ .

D. VERSTEHEN SIE?

1. Richtig   Falsch   4. Richtig   Falsch
2. Richtig   Falsch   5. Richtig   Falsch
3. Richtig   Falsch

E. DIKTAT

_____

_____

_____

_____

_____

_____

KAPITEL

IM SPRACHLABOR

TEIL EINS

GESPRÄCHE

Entschuldigen Sie! Wo ist . . . ?

TOURIST   Entschuldigen Sie! Können Sie mir sagen, wo das Hotel Sacher ist?
WIENER   Erste Straße links hinter der Staatsoper.
TOURIST   Und wie komme ich von da zum Stephansdom?
WIENER   Geradeaus, die Kärtnerstraße entlang.
TOURIST   Wie weit ist es zum Dom?
WIENER   Nicht weit. Sie können zu Fuß gehen!
TOURIST   Danke!
WIENER   Bitte schön!

***

Da drüben

TOURIST   Entschuldigung! Wo ist das Burgtheater?
HERR   Es tut mir leid. Ich bin nicht aus Wien.
TOURIST   Verzeihung! Ist das das Burgtheater?
DAME   Nein, das ist nicht das Burgtheater, sondern die Staatsoper. Fahren Sie mit der Straßenbahn zum Rathaus! Gegenüber vom Rathaus ist das Burgtheater.
TOURIST   Und wo hält die Straßenbahn?
DAME   Da drüben links!
TOURIST   Vielen Dank!
DAME   Bitte sehr!

ÜBUNGSBLATT 5A: ....

PERSONAL PRONOUNS

A. Ersetzen Sie das Subjekt mit einem Pronomen! *(Replace the subject with a personal pronoun.)*

   Da kommt Ihr Onkel.
   Da kommt er.

   ....

B. Antworten Sie mit ja, und ersetzen Sie das Objekt!

1. Fragt ihr den Großvater?
   Ja, wir fragen ihn.

   ....

2. Gehört es dem Touristen?
   Ja, es gehört ihm.

   ....

3. Ist das für Heidi?
   Ja, das ist für sie.

   ....

4. Fährst du mit den Touristen?
   Ja, ich fahre mit ihnen.

   ....

MODAL AUXILIARY VERBS

C. Ersetzen Sie das Subjekt!

1. Wir müssen einen Stadtplan kaufen. (du)
   Du mußt einen Stadtplan kaufen.

   ....

2. Sie können zu Fuß gehen. (man)
   Man kann zu Fuß gehen.

   ....

3. Ich will lange schlafen. (Erika)
   Erika will lange schlafen.

   ....

4. Ich möchte ihm helfen. (wir)
   Wir möchten ihm helfen.

   ....

ÜBUNGSBLATT 5B: ....

TEIL ZWEI

PERSONAL PRONOUNS AND MODAL AUXILIARIES

D. Antworten Sie mit dem Akkusativpronomen!

Wem gibst du die Schokolade? (meiner Schwester)
Ich gebe sie meiner Schwester.

....

E. Ersetzen Sie das Dativobjekt!

Was zeigst du dem Amerikaner? (den Dom)
Ich zeige ihm den Dom.

....

F. Antworten Sie!

Wir müssen Lebensmittel kaufen, und du? (zur Bank gehen)
Ich muß zur Bank gehen.

....

AUSSPRACHE *(See also II.29-36 in the pronunciation section.)*

A. Hören Sie zu, und wiederholen Sie!

1. [ö:] Österreich, Brötchen, Goethe, schön, gewöhnlich, französisch, hören
2. [ö]   öffnen, östlich, können, Löffel, zwölf, nördlich, möchten

B. Wortpaare

1. a. kennen   4. a. schon
   b. können   b. schön

2. a. Sehne   5. a. Sühne
   b. Söhne   b. Söhne

3. a. große   6. a. Höhle
   b. Größe   b. Hölle

Was hören Sie jetzt? ....
                     ....

VERSTEHEN SIE?

Eine Heurigenschenke

Das ist neu:

der Heurige	*new wine*
die Heurigenschenke	*Viennese wine-tasting inn*
typisch	*typical*
elegant	*elegant*
die Bänke	*benches*

ÜBUNGSBLATT 5C: ....

DIKTAT

ÜBUNGSBLATT 5D: ....

EINBLICKE

Grüße aus Österreich

NAME _____ DATUM _____ KURS _____

ÜBUNGSBLATT 5

A. GESPRÄCHE

1. _____

2. _____

3. _____

B. *PRONOUNS AND MODALS*

1. a. Ja, ich wohne bei _____ .

   b. Ja, ich sehe _____ .

2. a. Er _____ es ihm nicht sagen.

   b. Ich _____ sie fragen.

C. VERSTEHEN SIE?

   1. Richtig   Falsch   4. Richtig   Falsch
   2. Richtig   Falsch   5. Richtig   Falsch
   3. Richtig   Falsch

Copyright (c) 1995 by Holt, Rinehart and Winston, Inc. All rights reserved.

D. DIKTAT

KAPITEL  IM SPRACHLABOR

TEIL EINS

GESPRÄCHE

<u>Wohnung zu vermieten</u>

INGE	Hallo, mein Name ist Inge Moser. Ich habe gehört, daß Sie eine Zwei-Zimmer-Wohnung zu vermieten haben. Stimmt das?
VERMIETER	Ja, in der Nähe vom Dom.
INGE	Wie alt ist die Wohnung?
VERMIETER	Ziemlich alt, aber sie ist renoviert und schön groß und hell. Sie hat sogar einen Balkon.
INGE	In welchem Stock liegt sie?
VERMIETER	Im dritten Stock.
INGE	Ist sie möbliert oder unmöbliert?
VERMIETER	Unmöbliert.
INGE	Und was kostet die Wohnung?
VERMIETER	1100 Mark.
INGE	Ist das kalt oder warm?
VERMIETER	Kalt.
INGE	O, das ist ein bißchen zu teuer. Vielen Dank! Auf Wiederhören!
VERMIETER	Auf Wiederhören!

***

<u>In der Wohngemeinschaft</u>

INGE	Euer Haus gefällt mir!
HORST	Wir haben noch Platz für dich! Komm, ich zeige es dir! . . . Hier links ist unsere Küche. Sie ist klein, aber praktisch.
INGE	Wer kocht?
HORST	Wir alle: Jens, Gisela, Renate und ich.
INGE	Und das ist das Wohnzimmer?
HORST	Ja. Es ist ein bißchen dunkel, aber das ist OK.
INGE	Eure Sessel gefallen mir.
HORST	Sie sind alt, aber echt bequem. Oben sind dann vier Schlafzimmer und das Bad.
INGE	Nur ein Bad?
HORST	Ja, leider! Aber hier unten ist noch eine Toilette.
INGE	Was bezahlt ihr im Monat?
HORST	Jeder 400 Mark.
INGE	Nicht schlecht! Und wie kommst du zur Uni?
HORST	Zu Fuß natürlich! Es ist ja nicht weit.
INGE	Klingt gut!

ÜBUNGSBLATT 6A: ....

TWO-WAY PREPOSITIONS

A. Ersetzen Sie die Präposition!

1. Die Jungen spielen vor dem Haus. (an / See)
   Die Jungen spielen an dem See.

   ....

2. Das Telefon ist neben dem Bett. (in / Schlafzimmer)
   Das Telefon ist im Schlafzimmer.

   ....

3. Stellen Sie das Fahrrad *(bicycle)* vor das Haus! (in / Garage)
   Stellen Sie das Fahrrad in die Garage!

   ....

4. Legen Sie das Papier auf den Schreibtisch! (unter / Bücher)
   Legen Sie das Papier unter die Bücher!

   ....

B. Antworten Sie mit der neuen Präposition!

1. Wo ist die Bank? (neben / Hotel)
   Neben dem Hotel.

   ....

2. Wohin sollen wir die Kommode stellen? (in / Schlafzimmer)
   Ins Schlafzimmer!

   ....

WO VERSUS WOHIN

C. Stellen Sie Fragen!

Die Kinder sind in der Schule.
Wo sind die Kinder?

....

ÜBUNGSBLATT 6B: ....

TEIL ZWEI

THE IMPERATIVE

D. Bilden Sie den Imperativ!

1. Sagen Sie Frau Meier, was sie tun soll!

   gut schlafen
   Schlafen Sie gut!

   ....

2. Sagen Sie Inge und Rainer, was sie tun sollen!

   zu Fuß gehen
   Geht zu Fuß!

   ....

3. Sagen Sie Detlef, was er tun soll!

   Deutsch sprechen
   Sprich Deutsch!

   ....
   ....

ÜBUNGSBLATT 6C: ....

WISSEN *VERSUS* KENNEN

E. Ersetzen Sie das Subjekt!

1. Sie wissen die Antwort. (er)
   Er weiß die Antwort.

   ....

2. Ich weiß, wo die Post ist. (die Kinder)
   Die Kinder wissen, wo die Post ist.

   ....

F. Antworten Sie mit <u>Nein, aber ich weiß</u> . . ., und ersetzen Sie das Pronomen!

   Kennst du Jutta? (interessant)
   Nein, aber ich weiß, daß sie interessant ist.

   ....

AUSSPRACHE *(See also II.37-39 in the pronunciation section.)*

A. Hören Sie zu, und wiederholen Sie!

1. [ai] weit, leider, eigentlich, zeigen, feiern, bleiben
2. [au] auf, blaugrau, Baum, Kaufhaus, brauchen, laufen
3. [oi] euch, heute, teuer, Leute, Freunde, Häuser, Bäume, Fräulein

B. Wortpaare

1. a. *by*
   b. bei

2. a. *Troy*
   b. treu

3. a. *mouse*
   b. Maus

4. a. Hause
   b. Häuser

5. a. aus
   b. Eis

6. a. euer
   b. Eier

Was hören Sie jetzt? ....

VERSTEHEN SIE?

<u>Christa in ihrem Zimmer</u>

ÜBUNGSBLATT 6D: ....

DIKTAT

ÜBUNGSBLATT 6E: ....

EINBLICKE

Schaffen, sparen, Häuschen bauen

NAME _____ DATUM _____ KURS _____

ÜBUNGSBLATT 6

A. GESPRÄCHE

1. a. Sie ist ziemlich alt.
   b. Sie ist schön groß und hell.
   c. Sie ist unmöbliert.
   d. Sie kostet zu viel.

2. a. Jens, Gisela, Renate und Horst
   b. Inge
   c. der Vermieter
   d. acht Studenten

3. a. eins
   b. vier
   c. 200
   d. viele

4. a. klein, aber praktisch
   b. ein bißchen dunkel
   c. schön groß und hell
   d. alt, aber sehr bequem

B. *TWO-WAY PREPOSITIONS AND* <u>WO</u>, <u>WOHIN</u>

1. a. Die Studenten essen _____.

   b. Die Jacke liegt _____.

   c. Legen Sie das Buch _____!

   d. Wir hängen das Bild _____.

2. a. _____ Gisela?

   b. _____ die Straßenbahn?

C. *THE IMPERATIVE*

1. _____ ein Taxi!

2. _____ den Apfel!

3. _____ Papier!

D. VERSTEHEN SIE?

1. Richtig	Falsch	6. Richtig	Falsch
2. Richtig	Falsch	7. Richtig	Falsch
3. Richtig	Falsch	8. Richtig	Falsch
4. Richtig	Falsch	9. Richtig	Falsch
5. Richtig	Falsch	10. Richtig	Falsch

E. DIKTAT

_____

_____

_____

_____

_____

_____

_____

KAPITEL 7

IM SPRACHLABOR

TEIL EINS

GESPRÄCHE

Auf der Bank

TOURISTIN	Guten Tag! Können Sie mir sagen, wo ich Geld umtauschen kann?
ANGESTELLTE	Am Schalter 1.
TOURISTIN	Vielen Dank! *(Sie geht zum Schalter 1.)* Guten Tag! Ich möchte Dollar in Schillinge umtauschen. Hier sind meine Reiseschecks.
ANGESTELLTE	Darf ich bitte Ihren Paß sehen?
TOURISTIN	Hier.
ANGESTELLTE	Unterschreiben Sie bitte hier! Gehen Sie dort zur Kasse! Da bekommen Sie Ihr Geld.
TOURISTIN	Danke! *(Sie geht zur Kasse.)*
KASSIERER	324 Schilling 63: einhundert, zweihundert, dreihundert, zehn, zwanzig, vierundzwanzig Schilling und dreiundsechzig Groschen.
TOURISTIN	Danke! Auf Wiedersehen!

***

An der Rezeption im Hotel

EMPFANGSDAME	Guten Abend!
GAST	Guten Abend! Haben Sie ein Einzelzimmer frei?
EMPFANGSDAME	Für wie lange?
GAST	Für zwei oder drei Nächte; wenn möglich ruhig und mit Bad.
EMPFANGSDAME	Leider haben wir heute nur noch ein Doppelzimmer, und das nur für eine Nacht. Aber morgen wird ein Einzelzimmer frei. Wollen Sie das Doppelzimmer sehen?
GAST	Ja, gern.
EMPFANGSDAME	Zimmer Nummer 12, im ersten Stock rechts. Hier ist der Schlüssel.
GAST	Sagen Sie, kann ich meinen Koffer einen Moment hier lassen?
EMPFANGSDAME	Ja, natürlich. Stellen Sie ihn hier drüben in die Ecke!
GAST	Danke! Noch etwas, wann machen Sie abends zu?
EMPFANGSDAME	Um 24.00 Uhr. Wenn Sie später kommen, müssen Sie klingeln.

ÜBUNGSBLATT 7A: ....

FORMAL TIME

A. Wie spät ist es? Lesen Sie!

    z.B. 22.10 Uhr
       Es ist zweiundzwanzig Uhr zehn.

    13.35 Uhr / 4.28 Uhr / 9.15 Uhr / 16.50 Uhr / 19.45 Uhr / 12.12 Uhr

DER- AND EIN-WORDS

B. Ersetzen Sie den Artikel!

    1. dieser Ausweis *(every)*
       jeder Ausweis

       ....

    2. in meiner Tasche *(her)*
       in ihrer Tasche

       ....

    3. solche Schlüssel *(all)*
       alle Schlüssel

       ....

C. Antworten Sie!

    1. In welchem Zimmer ist das Gepäck? (sein)
       In seinem Zimmer.

       ....

    2. Trägst du keinen Koffer? (ihr)
       Doch, ich trage ihren Koffer.

       ....

    3. Welches Fahrrad soll ich nehmen? (dein)
       Nimm dein Fahrrad!

       ....

D. Wem gehört die Tasche? Antworten Sie mit nein!

    Gehört die Tasche Richard?
    Nein, er hat seine Tasche.

    ....

ÜBUNGSBLATT 7B: ....

TEIL ZWEI

SEPARABLE-PREFIX VERBS

E. Ersetzen Sie das Subjekt!

  1. Robert geht heute aus. (ich)
     Ich gehe heute aus.

     ....

  2. Helga kauft morgen wieder ein. (ihr)
     Ihr kauft morgen wieder ein.

     ....

F. Ersetzen Sie das Verb!

  1. Wann steht Hans auf? (ankommen)
     Wann kommt Hans an?

     ....

  2. Rita soll den Wein einkaufen. (mitbringen)
     Rita soll den Wein mitbringen.

     ....

  3. Ich weiß, daß du heute ausgehst. (abfahren)
     Ich weiß, daß du heute abfährst.

     ....

G. Antworten Sie mit ja!

   Soll ich den Scheck einlösen?
   Ja, lös den Scheck ein!

   ....

ÜBUNGSBLATT 7C: ....

AUSSPRACHE *(See also II.37, 40-41 in the pronunciation section.)*

A. Hören Sie zu, und wiederholen Sie!

  1. [ai]   seit, weißt, bleibst, leider, bei
  2. [i:]   wieviel, lieben, liegen, liest, siehst
  3. [ai/i:] Beispiel, vielleicht, Wien / Wein, Beine / Biene, bleiben / blieben, Lieder / leider,
             zeigen / Ziegen, hießen / heißen

B. Wortpaare

1. a. See
   b. sie

2. a. beten
   b. bieten

3. a. biete
   b. bitte

4. a. Miete
   b. Mitte

5. a. leider
   b. Lieder

6. a. Mais
   b. mies

Was hören Sie jetzt? ....

VERSTEHEN SIE?

Im Hotel

ÜBUNGSBLATT 7D: ....

DIKTAT

ÜBUNGSBLATT 7E: ....

EINBLICKE

Übernachtungsmöglichkeiten

NAME _____ DATUM _____ KURS _____

ÜBUNGSBLATT 7

A. GESPRÄCHE

   1. Richtig   Falsch   4. Richtig   Falsch
   2. Richtig   Falsch   5. Richtig   Falsch
   3. Richtig   Falsch   6. Richtig   Falsch

B. *FORMAL TIME AND* DER- *AND* EIN-*WORDS*

   1. a. _____ Uhr.

       b. _____ Uhr.

   2. a. Nein, das ist nicht _____ Koffer.

       b. Nein, das ist nicht _____ Auto.

C. *SEPARABLE-PREFIX VERBS*

   1. Ja, _____!

   2. Ja, _____!

D. VERSTEHEN SIE?

   1. a. Parkhotel   4. a. Sie müssen erst lange duschen.
       b. Schloßhotel   b. Sie schlafen gern lange.
       c. Hotel am See   c. Das Frühstück schmeckt nicht.

   2. a. im Parterre   5. a. Wenn sie abfahren.
       b. im ersten Stock   b. Wenn sie lange schlafen.
       c. im zweiten Stock   c. Wenn sie nach zwölf nach Hause kommen.

   3. a. um halb sieben
       b. um sieben
       c. um acht

E. DIKTAT

KAPITEL  IM SPRACHLABOR

TEIL EINS

GESPRÄCHE

Auf der Post am Bahnhof

UTA	Ich möchte dieses Paket nach Amerika schicken.
POSTBEAMTER	Normal oder per Luftpost?
UTA	Per Luftpost. Wie lange dauert das denn?
POSTBEAMTER	Ungefähr zehn Tage. Füllen Sie bitte diese Paketkarte aus! — Moment, hier fehlt noch Ihr Absender!
UTA	Ach ja! . . . Noch etwas. Ich brauche eine Telefonkarte.
POSTBEAMTER	Für sechs, zwölf oder fünfzig Mark?
UTA	Für zwölf Mark. Vielen Dank!

***

Am Fahrkartenschalter

ANNEMARIE	Wann fährt der nächste Zug nach Interlaken?
BEAMTIN	In zehn Minuten. Abfahrt um 11.28 Uhr, Gleis 2.
ANNEMARIE	Ach du meine Güte! Und wann kommt er dort an?
BEAMTIN	Ankunft in Interlaken um 14.16 Uhr.
ANNEMARIE	Muß ich umsteigen?
BEAMTIN	Ja, in Bern, aber Sie haben Anschluß zum InterCity mit nur vierundzwanzig Minuten Aufenthalt.
ANNEMARIE	Gut. Geben Sie mir bitte eine Hin- und Rückfahrkarte nach Interlaken!
BEAMTIN	Erster oder zweiter Klasse?
ANNEMARIE	Zweiter Klasse.

ÜBUNGSBLATT 8A: ....

THE GENITIVE CASE

A. Ersetzen Sie den Genitiv!

1. Sie wohnt auf dieser Seite der Stadt. (Berg)
   Sie wohnt auf dieser Seite des Berges.

   ....

2. Das ist ein Bild meines Großvaters. (meine Tante)
   Das ist ein Bild meiner Tante.

   ....

3. Wo ist das Gepäck des Touristen? (Student)
   Wo ist das Gepäck des Studenten?

   ....

4. Ist das Oskars Fahrkarte? (Frieda)
   Ist das Friedas Fahrkarte?

   ....

5. Statt des Doms zeigt er uns das Museum. (Schloß)
   Statt des Schlosses zeigt er uns das Museum.

   ....

B. Bilden Sie Sätze!

   Vater / Landkarte
   Wo ist Vaters Landkarte?

   ....

TIME EXPRESSIONS

C. Ersetzen Sie das Adverb!

   1. Fischers fliegen morgen früh ab. (heute morgen)
      Fischers fliegen heute morgen ab.

      ....

   2. Morgens spielen wir Tennis. (sonntags)
      Sonntags spielen wir Tennis.

      ....

D. Antworten Sie!

   Wie lange fliegst du? (bis morgen früh)
   Ich fliege bis morgen früh.

   ....

ÜBUNGSBLATT 8B: ....

TEIL ZWEI

SENTENCE STRUCTURE

E. Wohin paßt das neue Adverb? *(Add the new adverb to the sentence.)*

Wir fahren zum Flughafen. (um halb sieben)
Wir fahren um halb sieben zum Flughafen.

1. Wir fahren zum Flughafen.
2. Sie fliegt nächste Woche.
3. Er fährt zum Bahnhof.
4. Ich arbeite im Geschäft.
5. Sie kommen im Juli.
6. Karl fliegt von Frankfurt ab.
7. Ist Herr Braun zu Hause?
8. Gehst du zum Briefkasten?
9. Fährt der Junge allein?
10. Sie müssen den Brief per Luftpost schicken.
11. Meine Großeltern reisen nach Österreich.

F. Verneinen Sie die Sätze!

Sabrina wohnt in Berlin.
Sabrina wohnt nicht in Berlin.

....

ÜBUNGSBLATT 8C: ....

AUSSPRACHE *(See also II.8-10 in the pronunciation section.)*

A. Hören Sie zu, und wiederholen Sie!

1. [ə] Adresse, Ecke, Haltestelle, bekommen, besuchen, eine halbe Stunde
2. [ʌ] aber, sauber, euer, unser, Zimmer, Nummer, Uhr, wir, vor, nur, unter, über, außer, wiederholen

B. Wortpaare

1. a. Studenten
   b. Studentin

2. a. Touristen
   b. Touristin

3. a. diese
   b. dieser

4. a. arbeiten
   b. Arbeitern

5. a. lese
   b. Leser

6. a. mieten
   b. Mietern

Was hören Sie jetzt? ....

87

VERSTEHEN SIE?

Unterwegs

ÜBUNGSBLATT 8D: …… …… …… …… ……

DIKTAT

ÜBUNGSBLATT 8E: …… …… …… ……

EINBLICKE

Reise in die Schweiz

NAME_____ DATUM_____ KURS_____

ÜBUNGSBLATT 8

A. GESPRÄCHE

   1. Richtig   Falsch   4. Richtig   Falsch
   2. Richtig   Falsch   5. Richtig   Falsch
   3. Richtig   Falsch

B. *THE GENITIVE*

  1. Das ist _____ .

  2. Das ist _____ .

  3. Trotz _____ fahren wir aufs Land.

C. *TIME EXPRESSIONS*

   z.B. Er kommt heute. (nicht)
         Er kommt heute 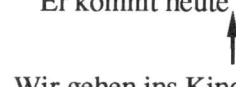 .

  1. Wir gehen ins Kino.
  2. Er fliegt nach Berlin.
  3. Sie reisen im Sommer nach Italien.

D. VERSTEHEN SIE?

   1. Richtig   Falsch   4. Richtig   Falsch
   2. Richtig   Falsch   5. Richtig   Falsch
   3. Richtig   Falsch

Copyright (c) 1995 by Holt, Rinehart and Winston, Inc. All rights reserved.

E. DIKTAT

KAPITEL

IM SPRACHLABOR

TEIL EINS

GESPRÄCHE

Am Telefon

FRAU SCHMIDT Hier Schmidt.
BÄRBEL Guten Tag, Frau Schmidt. Ich bin's, Bärbel. Ist Karl-Heinz da?
FRAU SCHMIDT Nein, tut mir leid. Er ist gerade zur Post gegangen.
BÄRBEL Ach so. Können Sie ihm sagen, daß ich heute abend nicht mit ihm ausgehen kann?
FRAU SCHMIDT Natürlich. Was ist denn los?
BÄRBEL Ich bin krank. Mir tut der Hals weh, und ich habe Kopfschmerzen.
FRAU SCHMIDT Das tut mir leid. Gute Besserung!
BÄRBEL Danke. Auf Wiederhören!
FRAU SCHMIDT Wiederhören!

***

Bis gleich!

YVONNE Bei Mayer.
DANIELA Hallo, Yvonne! Ich bin's, Daniela.
YVONNE Tag, Daniela! Was gibt's?
DANIELA Nichts Besonderes. Hast du Lust, Squash zu spielen oder schwimmen zu gehen?
YVONNE Squash? Nein, danke. Ich habe noch Muskelkater von vorgestern. Ich kann mich kaum rühren. Mir tut alles weh.
DANIELA Lahme Ente! Wie wär's mit Schach?
YVONNE OK, das klingt gut. Kommst du zu mir?
DANIELA Ja, bis gleich!

ÜBUNGSBLATT 9A: ....

ENDINGS OF PRECEDED ADJECTIVES

A. Kombinieren Sie das Wort mit dem Adjektiv!

1. das Geschenk (toll)
   das tolle Geschenk

   ....

2. mein Freund (lieb)
   mein lieber Freund

   ....

3. ein Zimmer (sauber)
   ein sauberes Zimmer

   ....

4. den Jungen (klein)
   den kleinen Jungen

   ....

B. Ersetzen Sie das Hauptwort *(noun)*!

1. Ist das das bekannte Hotel? (Kirche)
   Ist das die bekannte Kirche?

   ....

2. Das gehört der alten Dame. (Junge / klein)
   Das gehört dem kleinen Jungen.

   ....

C. Wie komme ich zu meiner kleinen Pension? Antworten Sie mit dem Adjektiv!

Gehen Sie die Straße links! (erst-)
Gehen Sie die erste Straße links!

1. Gehen Sie die Straße links!
2. Gehen Sie die Straße rechts!
3. Fahren Sie mit dem Bus!
4. Fahren Sie an dem Park vorbei!
5. Steigen Sie bei dem Café aus!
6. Gegenüber ist das Museum.
7. Neben dem Museum ist die Pension.

REFLEXIVE VERBS

D. Ersetzen Sie das Subjekt!

1. Sie müssen sich beeilen. (du)
   Du mußt dich beeilen.

   ....

2. Ich ziehe mich an. (wir)
   Wir ziehen uns an.

   ....

3. Ich höre mir die CD an. (wir)
   Wir hören uns die CD an.

   ....

ÜBUNGSBLATT 9B: ....

E. Wir sind noch nicht fertig. Sagen Sie, was noch zu tun ist!

   duschen
   Ich muß mich noch duschen.

   ....

INFINITIVE WITH ZU

F. Ersetzen Sie das Verb!

   1. Dort gibt es viel zu sehen. (tun)
      Dort gibt es viel zu tun.

      ....

   2. Es ist einfach, einen Kuchen zu backen. (Geld ausgeben)
      Es ist einfach, Geld auszugeben.

      ....

   3. Es macht Spaß, Schach zu spielen. (Briefmarken sammeln)
      Es macht Spaß, Briefmarken zu sammeln.

      ....

G. Sagen Sie, daß Sie keine Lust dazu haben!

   Gehen wir spazieren!
   Ich habe keine Lust spazierenzugehen.

   ....

ÜBUNGSBLATT 9C: ....

AUSSPRACHE (*See also III.7–9 in the pronunciation section.*)

A. Hören Sie zu, und wiederholen Sie!

   1. [l] laut, lustig, Lampe, Luft, Hals, Geld, malen, spielen, fliegen, stellen, schnell, hell
   2. [ts] zählen, zeigen, ziemlich, Zug, Zahn, Schmerzen, Einzelzimmer, erzählen, tanzen, ausgezeichnet, jetzt, schmutzig, trotz, kurz, Salz, Sitzplatz

B. Wortpaare

1. a. *felt*
   b. Feld

2. a. *hotel*
   b. Hotel

3. a. *plots*
   b. Platz

4. a. Schweiß
   b. Schweiz

5. a. seit
   b. Zeit

6. a. so
   b. Zoo

Was hören Sie jetzt? ....

VERSTEHEN SIE?

Am Telefon

ÜBUNGSBLATT 9D: ....

DIKTAT

ÜBUNGSBLATT 9E: ....

EINBLICKE

Freizeit: Lust oder Frust?

NAME _____ DATUM _____ KURS _____

ÜBUNGSBLATT 9

A. GESPRÄCHE

   1. a. Bärbel
      b. Frau Schmidt
      c. Karl-Heinz

   2. a. Karl-Heinz
      b. Bärbel
      c. Frau Schmidt

   3. a. für Daniela
      b. für Yvonne
      c. für Bärbel

   4. a. Yvonne
      b. Daniela
      c. Frau Schmidt

B. *ADJECTIVE ENDINGS AND REFLEXIVE VERBS*

   1. Das ist aber _____ .

   2. Kennst du _____ ?

   3. Ich möchte _____ die Kirche _____ .

   4. Wir _____ _____ oft.

C. *INFINITIVE WITH ZU*

   1. Hast du Lust _____ ?

   2. Es ist wichtig, _____ .

D. VERSTEHEN SIE?

   1. a. Peter
      b. Dieter
      c. Willi

   2. a. Sie hat sich erkältet.
      b. Sie hat Ohrenschmerzen.
      c. Sie ist vom Baum gefallen.

   3. a. Sie hat Klavier gespielt.
      b. Sie hat Karten gespielt.
      c. Sie ist ins Kino gegangen.

   4. a. Er hat keine Lust.
      b. Die Konferenz beginnt.
      c. Er hat nichts zu sagen.

   5. a. am Wochenende
      b. in fünf Minuten
      c. übermorgen

Copyright (c) 1995 by Holt, Rinehart and Winston, Inc. All rights reserved.

E. DIKTAT

KAPITEL 10

IM SPRACHLABOR

TEIL EINS

GESPRÄCHE

Blick in die Zeitung

SONJA	Du, was gibt's denn heute abend im Fernsehen?
STEPHAN	Keine Ahnung! Sicher nichts Besonderes.
SONJA	Mal sehen! *Raumschiff Enterprise*, einen Dokumentarfilm und einen Krimi.
STEPHAN	Dazu habe ich keine Lust.
SONJA	Vielleicht gibt's was im Kino?
STEPHAN	Ja, *Die Firma* und *Schlaflos in Seattle*.
SONJA	Hab' ich beide schon gesehen.
STEPHAN	Im Theater gibt's *Mutter Courage*.
SONJA	Nicht schlecht. Hast du Lust?
STEPHAN	Ja, das klingt gut. Gehen wir!

***

An der Theaterkasse

STEPHAN	Haben Sie noch Karten für heute abend?
FRÄULEIN	Ja, erste Reihe erster Rang links und Parkett rechts.
STEPHAN	Zwei Plätze im Parkett! Hier sind unsere Studentenausweise.
FRÄULEIN	28,— DM, bitte!
SONJA	Wann fängt die Vorstellung an?
FRÄULEIN	Um 20.15 Uhr.

***

Während der Pause

STEPHAN	Möchtest du eine Cola?
SONJA	Ja, gern. Aber laß mich zahlen! Du hast schon die Programme gekauft.
STEPHAN	Na gut. Wie hat dir der erste Akt gefallen?
SONJA	Prima. Ich habe *Mutter Courage* mal in der Schule gelesen, aber noch nie auf der Bühne gesehen.
STEPHAN	Ich auch nicht.

ÜBUNGSBLATT 10A: ....

VERBS WITH PREPOSITIONAL OBJECTS

A. Ersetzen Sie das Objekt!

   1. Evi wartet auf die Straßenbahn. (Taxi)
      Evi wartet auf das Taxi.

      ....

   2. Schreiben Sie an die Zeitung! (Gasthof)
      Schreiben Sie an den Gasthof!

      ....

   3. Ich habe mich über das Programm geärgert. (die Vorstellung)
      Ich habe mich über die Vorstellung geärgert.

      ....

DA- AND WO-COMPOUNDS

B. Womit ersetzen Sie das Objekt?

   für meinen Onkel   für unser Haus
   für ihn   dafür

   ....
   ....

C. Was ist wo? Hören Sie zu!

   Auf dem Tisch ist meine Gitarre. (Kassette / auf)
   Die Kassette ist darauf.

   ....

ÜBUNGSBLATT 10B: ....

TEIL ZWEI

D. Wie fragen Sie nach dem Objekt?

   an die Eltern   an die Tafel
   an wen?   woran?

   ....

E. Wie bitte? Fragen Sie noch einmal!

   Mutter wartet auf eine Antwort.
   Worauf wartet sie?

   ....

UNPRECEDED ADJECTIVE ENDINGS

F. Ersetzen Sie das Objekt!

   1. Alle möchten frischen Salat. (Brot)
      Alle möchten frisches Brot.

      ....

   2. Hier ist ein Glas kaltes Wasser. (Wein)
      Hier ist ein Glas kalter Wein.

      ....

G. Welche Endung hat das neue Adjektiv?

   Peter hat einige Ideen. (gut)
   Er hat einige gute Ideen.

   ....

ÜBUNGSBLATT 10C: ....

AUSSPRACHE *(See also II.9 and III.10 in the pronunciation section.)*

A. Hören Sie zu, und wiederholen Sie!

   1. [r]   rot, rosa, ruhig, rechts, Radio, Regal, Reihe, Roman, Programm, Dorf, Fahrt, Gitarre, traurig, krank, Herren
   2. [ʌ]   Orchester, Theater, Messer, Teller, aber, unter, über, wieder, weiter
   3. [ʌ/r] Uhr / Uhren; Ohr / Ohren; Tür / Türen; Chor / Chöre; Autor / Autoren; Klavier / Klaviere; sauber / saubere

B. Wortpaare

   1. a. *ring*   4. a. *brown*
      b. Ring   b. braun

   2. a. *Rhine*   5. a. *tear*
      b. Rhein   b. Tier

   3. a. *fry*   6. a. *tour*
      b. frei   b. Tour

   Was hören Sie jetzt? ....

VERSTEHEN SIE?

VERSTEHEN SIE?

Im Theater

Das ist neu: der Mörder   *murderer*
               böse   *mad, angry*

ÜBUNGSBLATT 10D: ....

DIKTAT

ÜBUNGSBLATT 10E: ....

EINBLICKE

Die Macht des Fernsehens

NAME _____ DATUM _____ KURS _____

ÜBUNGSBLATT 10

A. GESPRÄCHE

   1. a. *Mutter Courage*
      b. *Schlaflos in Seattle*
      c. *Raumschiff Enterprise*

   3. a. Brecht
      b. Stephan
      c. Sonja

   2. a. im ersten Rang
      b. im Parkett
      c. im zweiten Rang

B. *VERBS WITH PREPOSITIONAL OBJECTS AND* DA-*COMPOUNDS*

   1. Erzählen Sie uns _____!

   2. Ärgere dich nicht _____!

   3. Um acht ist die Vorstellung. Die Party ist _____ .

C. WO-*COMPOUNDS AND ADJECTIVE ENDINGS*

   1. a. _____ freuen sie sich?

      b. _____ schreibt er?

   2. a. Das ist _____ .

      b. Wir möchten _____ .

      c. Der Ober kommt mit _____ .

D. VERSTEHEN SIE?

   1. Richtig   Falsch   4. Richtig   Falsch
   2. Richtig   Falsch   5. Richtig   Falsch
   3. Richtig   Falsch

E. DIKTAT

KAPITEL 11

IM SPRACHLABOR

TEIL EINS

GESPRÄCH

Blick auf die Anzeigen in der Zeitung

FRANK Du, hör mal! „Gesucht wird: charmanter, unternehmungslustiger, zärtlicher ADAM Belohnung: hübsche, temperamentvolle EVA, Mitte 20, mag Antiquitäten, alte Häuser, schnelle Wagen, Tiere, Kinder."
MATTHIAS Hmm, nicht schlecht. Aber was ihr gefällt — Antiquitäten und schnelle Wagen — ist nicht billig.
FRANK Dann sieh mal hier! „Es gibt, was ich suche. Aber wie finden? Akademikerin, Ende 20 / 153, schlank, musikalisch, sucht sympathischen, gebildeten, ehrlichen Mann mit Humor."
MATTHIAS Ja, das ist doch was! Studiert hast du genug, und Humor hast du auch.
FRANK Danke!
MATTHIAS Vielleicht können wir sie beide kennenlernen?

ÜBUNGSBLATT 11A: ....

THE SIMPLE PAST

A. Ersetzen Sie das Subjekt!

1. Sie versuchten es nicht. (ich)
   Ich versuchte es nicht.

   ....

2. Ich wartete auf Klaus. (wir)
   Wir warteten auf Klaus.

   ....

3. Warum wußten wir nichts davon? (er)
   Warum wußte er nichts davon?

   ....

4. Da mußte ich lachen. (alle)
   Da mußten alle lachen.

   ....

5. Onkel Otto rief gestern an. (viele)
   Viele riefen gestern an.

   ....

B. Ersetzen Sie das Verb!

   Sonja wollte ein Radio. (sich wünschen)
   Sonja wünschte sich ein Radio.

   ....

C. Eine alte Geschichte. Erzählen Sie sie in der Vergangenheit *(simple past)!*

   So beginnt die Geschichte.
   So begann die Geschichte.

   ....
   ....

ÜBUNGSBLATT 11B: ....

TEIL ZWEI

THE CONJUNCTIONS <u>ALS</u>, <u>WENN</u>, <u>WANN</u>

D. Bilden Sie einen Satz!

1. Beginnen Sie mit <u>Sie war nicht da, als . . .</u>!

   Er kam herein.
   Sie war nicht da, als er hereinkam.

   ....

2. Beginnen Sie mit <u>Ich sage es Ihnen, wenn . . .</u>!

   Ich weiß mehr.
   Ich sage es Ihnen, wenn ich mehr weiß.

   ....

3. Beginnen Sie mit <u>Wissen Sie, wann . . .</u>!

   Die Ferien beginnen.
   Wissen Sie, wann die Ferien beginnen?

   ....

THE PAST PERFECT

E. Ersetzen Sie das Subjekt!

1. Wir hatten noch nicht angefangen. (du)
   Du hattest noch nicht angefangen.

   ....

2. Sie waren spazierengegangen. (ich)
   Ich war spazierengegangen.

   ....

F. Nach dem Erdbeben *(earthquake)*. Was hatten Sie gerade gemacht? <u>Haben</u> oder <u>sein</u>?

Ich hatte etwas gelesen. (in die Küche gegangen.)
Ich war in die Küche gegangen.

....

ÜBUNGSBLATT 11C: ....

AUSSPRACHE *(See also III.1, 4 and 5 in the pronunciation section.)*

A. Hören Sie zu, und wiederholen Sie!

1. [f] fast, fertig, fühlen, freundlich, öffnen, Brief
2. [f] verliebt, verlobt, verheiratet, vorbei, vielleicht, phantastisch, photographieren, wieviel
3. [v] Video, Klavier, Silvester, Pullover, Universität
4. [v] wer, wen, wem, wessen, warum, schwarz, schwer, zwischen

B. Wortpaare

1. a. *wine*   4. a. *veal*
   b. Wein   b. viel

2. a. *when*   5. a. Vetter
   b. wenn   b. Wetter

3. a. *oven*   6. a. vier
   b. Ofen   b. wir

Was hören Sie jetzt? ....

VERSTEHEN SIE?

Der Herr im Haus

Das ist neu: der Herr im Haus   *master of the house*
            selbst   *yourself*
            die Henne, -n   *hen*
            das Pferd, -e   *horse*

ÜBUNGSBLATT 11D: ....

DIKTAT

ÜBUNGSBLATT 11E: ....

EINBLICKE

Rumpelstilzchen

NAME _____ DATUM _____ KURS _____

ÜBUNGSBLATT 11

A. GESPRÄCH

   1. a. Sie lesen die Nachrichten.
      b. Sie lesen das Fernsehprogramm.
      c. Sie lesen Anzeigen.

   2. a. Sie wollen ein Auto kaufen.
      b. Sie suchen einen Partner.
      c. Sie möchten eine Belohnung.

   3. a. Sie sind 25 bis 29 Jahre alt.
      b. Sie sind 30 bis 35 Jahre alt.
      c. Sie sind 36 bis 40 Jahre alt.

   4. a. Sie ist ihm zu alt.
      b. Er mag keine Antiquitäten.
      c. Die Wünsche der Frau sind teuer.

B. *THE SIMPLE PAST*

   1. Sie _____ die ganze Nacht.

   2. Wir _____ uns um den Tisch.

   3. Er _____ nicht an die Zeit.

   4. Sie _____ alle wieder ein.

C. ALS, WENN, WANN *AND THE PAST PERFECT*

   1. a. als   wenn   wann
      b. als   wenn   wann
      c. als   wenn   wann

   2. a. Die Leute _____ aus der Oper _____ .

      b. Das Fräulein _____ laut _____ .

D. VERSTEHEN SIE?

1. Richtig   Falsch   4. Richtig   Falsch
2. Richtig   Falsch   5. Richtig   Falsch
3. Richtig   Falsch

E. DIKTAT

_____

_____

_____

_____

_____

_____

KAPITEL 12

IM SPRACHLABOR

TEIL EINS

GESPRÄCH

Weißt du, was du werden willst?

TRUDI   Sag mal Elke, weißt du schon, was du werden willst?
ELKE   Ja, Tischlerin.
TRUDI   Ist das nicht viel Muskelarbeit?
ELKE   Ach, daran gewöhnt man sich. Ich möchte mich vielleicht mal selbständig machen.
TRUDI   Das sind große Pläne!
ELKE   Warum nicht? Ich habe keine Lust, immer nur im Büro zu sitzen und für andere Leute zu arbeiten.
TRUDI   Und wo willst du dich um eine Lehrstelle bewerben?
ELKE   Kein Problem. Meine Tante hat ihre eigene Firma und hat mir schon einen Platz angeboten.
TRUDI   Da hast du aber Glück!
ELKE   Und wie ist es denn mit dir? Weißt du, was du machen willst?
TRUDI   Vielleicht werde ich Zahnärztin. Gute Zahnärzte braucht man immer, und außerdem verdient man sehr gut.
ELKE   Das stimmt, aber das ist ein langes Studium.
TRUDI   Ich weiß, aber ich freue mich eigentlich schon darauf.

ÜBUNGSBLATT 12A: ....

THE COMPARISON OF ADJECTIVES AND ADVERBS

A. Geben Sie den Komparativ und den Superlativ!

   lang
   länger, am längsten

   ....

B. Ersetzen Sie das Adjektiv!

   1. Bärbel ist so sportlich wie Ulrike. (fit)
      Bärbel ist so fit wie Ulrike.

      ....

2. Inges Wohnung ist größer als meine Wohnung. (ruhig)
   Inges Wohnung ist ruhiger als meine Wohnung.

   ....

3. Dieses Stück wird immer besser. (bekannt)
   Dieses Stück wird immer bekannter.

   ....

4. Das ist das beste Geschäft. (groß)
   Das ist das größte Geschäft.

   ....

5. Dieser Film war am lustigsten. (gut)
   Dieser Film war am besten.

   ....

C. Karl und Otto

   Otto ist nicht so musikalisch wie Karl. (sportlich)
   Aber er ist sportlicher.

   ....

ÜBUNGSBLATT 12B: ....

TEIL ZWEI

THE FUTURE

D. Ersetzen Sie das Subjekt!

   1. Wir werden ihn anrufen. (du)
      Du wirst ihn anrufen.

      ....

   2. Ich werde mich beeilen. (ihr)
      Ihr werdet euch beeilen.

      ....

   3. Wird er kommen können? (Annalena und Sebastian)
      Werden Annalena und Sebastian kommen können?

      ....

E. Was machen die Studenten während der Semesterferien?

   Ich arbeite in einem Büro.
   Ich werde in einem Büro arbeiten.

....

ÜBUNGSBLATT 12C: ....

AUSSPRACHE *(See also III.3 in the pronunciation section.)*

Hören Sie zu, und wiederholen Sie!

1. [p]   Obst, Herbst, Erbse, hübsch, ob, halb, gelb
       BUT [p / b] verliebt / verlieben; bleibt / bleiben; habt / haben
2. [t]   und, gesund, anstrengend, Geld, Hand, sind
       BUT [t / d] Freund / Freunde; Bad / Bäder; Kind / Kinder; wird / werden
3. [k]   Tag, Zug, Weg, Bahnsteig, Flugzeug, Berg
       BUT [k / g] fragst / fragen; fliegst / fliegen; trägst / tragen; legst / legen

VERSTEHEN SIE?

<u>Was bin ich?</u>

ÜBUNGSBLATT 12D: ....

DIKTAT

ÜBUNGSBLATT 12E: ....

EINBLICKE

<u>Berufsentscheidungen</u>

NAME _____ DATUM _____ KURS _____

ÜBUNGSBLATT 12

A. GESPRÄCHE

1. _____

2. _____

3. _____

B. *COMPARISON*

1. Rainer ist _____ Katrin.

2. Die Tage werden _____ .

3. Diese Firma bezahlt _____ .

4. Herr Bauer ist _____ Rechtsanwalt in der Stadt.

C. *THE FUTURE*

1. Sie _____ davon _____ .

2. Ich _____ sie dazu _____ .

113

D. VERSTEHEN SIE?

a. Krankenschwester
b. Wissenschaftler
c. Polizist
d. Rechtsanwalt
e. Verkäufer
f. Lehrer
g. in der Schule
h. im Supermarkt
i. im Krankenhaus *(hospital)*
j. zu Hause
k. auf der Straße
l. an der Universität

1. Sie *(you)* sind _____

   und arbeiten _____.

2. Sie sind _____

   und arbeiten _____.

3. Sie sind _____

   und arbeiten _____.

E. DIKTAT

_____

_____

_____

_____

_____

_____

KAPITEL 13

IM SPRACHLABOR

TEIL EINS

GESPRÄCHE

Bei der Immatrikulation

PETRA   Hallo, David! Wie geht's?
DAVID   Danke, gut. Und dir?
PETRA   Prima. Was machst du denn da?
DAVID   Ich muß diese Einschreibungsformulare ausfüllen.
PETRA   Soll ich dir helfen?
DAVID   Wenn du Zeit hast. Ich kämpfe immer mit der Bürokratie.
PETRA   Hast du deinen Paß dabei?
DAVID   Nein, wieso?
PETRA   Darin ist deine Aufenthaltserlaubnis; die brauchen wir.
DAVID   Ich kann ihn ja schnell holen.
PETRA   Mach das! Ich warte hier so lange auf dich.

***

Etwas später

DAVID   Hier ist mein Paß. Ich muß mich jetzt auch bald entscheiden, was ich belegen will. Kannst du mir da auch helfen?
PETRA   Na klar. Was ist denn dein Hauptfach? Wofür interessierst du dich?
DAVID   Mein Hauptfach ist moderne Geschichte. Ich möchte Kurse über deutsche Geschichte und Literatur belegen.
PETRA   Hier ist mein Vorlesungsverzeichnis. Mal sehen, was sie dieses Semester anbieten.

ÜBUNGSBLATT 13A: ....

THE PRESENT-TIME SUBJUNCTIVE

A. Ersetzen Sie das Subjekt!

1. Da hätte ich ein gutes Einkommen. (du)
   Da hättest du ein gutes Einkommen.

   ....

2. Dann wären sie selbständig. (ihr)
   Dann wäret ihr selbständig.

   ....

3. Sie würden eine Zeitung holen. (er)
   Er würde eine Zeitung holen.

   ....

4. Wann könnten wir weiterfahren? (ich)
   Wann könnte ich weiterfahren?

   ....

5. Wenn ich das wüßte! (du)
   Wenn du das wüßtest!

   ....

6. Er käme bestimmt. (die Leute)
   Die Leute kämen bestimmt.

   ....

B. Sagen Sie die Sätze im Konjunktiv!

1. Ich fahre in die Stadt.
   Ich würde in die Stadt fahren.

   ....

2. Es ist zu schwierig.
   Es wäre zu schwierig.

   ....

C. Ersetzen Sie das Verb!

1. Wenn er etwas lernte . . . (fleißig arbeiten)
   Wenn er fleißig arbeitete . . .

   ....

2. Wenn du kommen könntest . . . (heiraten wollen)
   Wenn du heiraten wolltest . . .

   ....

3. Wenn sie kämen . . . (daran teilnehmen)
   Wenn sie daran teilnähmen . . .

   ....

D. Was würden Sie tun, wenn Sie Zeit hätten?

   Wenn ich Zeit hätte, würde ich eine Reise machen. (mitkommen)
   Wenn ich Zeit hätte, würde ich mitkommen.

   ....

ÜBUNGSBLATT 13B: ....

TEIL ZWEI

THE PAST-TIME SUBJUNCTIVE

E. Ersetzen Sie das Subjekt!

   1. Ich hätte das nicht getan. (wir)
      Wir hätten das nicht getan.

      ....

   2. Sie wäre weitergefahren. (ihr)
      Ihr wäret weitergefahren.

      ....

   3. Wir hätten dort wohnen können. (er)
      Er hätte dort wohnen können.

      ....

F. Ersetzen Sie das Verb!

   Wenn ich Zeit gehabt hätte ... (zu Fuß gehen)
   Wenn ich zu Fuß gegangen wäre ...

   ....

G. Was hättet ihr getan, wenn es geregnet hätte?

   Wir hätten etwas anderes gemacht. (nicht zu Hause bleiben)
   Wir wären nicht zu Hause geblieben.

   ....

ÜBUNGSBLATT 13C: ....

AUSSPRACHE *(See also III.6 and 12 in the pronunciation section.)*

Hören Sie zu, und wiederholen Sie!

1. [z]   sauber, sicher, Semester, Seminar, Pause
2. [s]   Ausweis, Kurs, Professor, wissen, lassen, fleißig
3. [št] Studium, Stipendium, Student, bestehen, studieren, anstrengend
4. [st] erste, beste, meistens, desto, Komponist, Kunst
5. [šp] Spiel, Sport, Spaß, Sprache, spät, spannend

VERSTEHEN SIE?

Können Sie schweigen?

Das ist neu: schweigen   *to keep a secret*

ÜBUNGSBLATT 13D: ....

DIKTAT

ÜBUNGSBLATT 13E: ....

EINBLICKE

Ein Jahr drüben wäre super!

NAME _____ DATUM _____ KURS _____

ÜBUNGSBLATT 13

A. GESPRÄCHE

   1. Richtig   Falsch   4. Richtig   Falsch
   2. Richtig   Falsch   5. Richtig   Falsch
   3. Richtig   Falsch

B. *INDICATIVE VERSUS SUBJUNCTIVE*

   1. a. Indikativ   Konjunktiv   d. Indikativ   Konjunktiv
      b. Indikativ   Konjunktiv   e. Indikativ   Konjunktiv
      c. Indikativ   Konjunktiv   f. Indikativ   Konjunktiv

   2. a. Wenn du uns _____ _____ . . .

      b. Wenn er dir _____ . . .

      c. Wenn ihr krank _____ . . .

      d. Wenn Manfred _____ . . .

C. *PAST-TIME SUBJUNCTIVE*

   1. Wenn ich das gewußt hätte, _____ ich dir _____ .

   2. Wenn ich das gewußt hätte, _____ ich auch _____ .

   3. Wenn ich das gewußt hätte, _____ ich es dir _____ .

D. VERSTEHEN SIE?

1. a. in der Bibliothek
   b. in der Nähe der Uni
   c. im Hörsaal

2. a. vor ihr
   b. vor einer Prüfung
   c. vor dem Labor

3. a. zu einer Tasse Kaffee
   b. zu einem Glas Bier
   c. zu einem Teller Suppe

4. a. Er fand sie nett.
   b. Er wollte etwas über Stipendien wissen.
   c. Er wollte etwas über die Prüfung wissen.

5. a. Nein, sie sagte ihm nichts.
   b. Ja, sie hat ihm alles gesagt.
   c. vielleicht

E. DIKTAT

_____

_____

_____

_____

_____

_____

KAPITEL 14

IM SPRACHLABOR

TEIL EINS

GESPRÄCH

Hier ist immer etwas los

HEIKE   Und das ist die Gedächtniskirche mit ihren drei Gebäuden. Wir nennen sie den „Hohlen Zahn", den „Lippenstift" und die „Puderdose".
MARTIN Berliner haben doch für alles Spitznamen.
HEIKE   Der alte Turm der Gedächtniskirche soll als Mahnmal so bleiben, wie er ist. Die neue Gedächtniskirche mit dem neuen Turm ist modern.
MARTIN Und sie sehen wirklich ein bißchen aus wie ein Lippenstift und eine Puderdose. Sag mal, wohnst du gern hier in Berlin?
HEIKE   Eigentlich schon. Berlin hat wirklich viel zu bieten, nicht nur historisch, sondern auch kulturell. Hier ist immer etwas los. Außerdem ist die Umgebung wunderschön.
MARTIN Das stimmt. Du, warst du dabei, als sie die Mauer durchbrochen haben?
HEIKE   Na klar! Das werde ich nie vergessen.
MARTIN Ich auch nicht, obwohl ich's nur im Fernsehen gesehen habe.
HEIKE   Wir haben die ganze Nacht gewartet, obwohl es ganz schön kalt war. Als das erste Stück Mauer kippte, haben wir alle laut gesungen, „So ein Tag, so wunderschön wie heute, so ein Tag, der dürfte nie vergehen."
MARTIN Ich sehe immer noch die Leute oben auf der Mauer tanzen und feiern.
HEIKE   Das war schon einmalig. Wer hätte gedacht, daß das alles so schnell gehen würde.
MARTIN Und so friedlich.
HEIKE   Ja, Gott sei Dank. Daß da riesige Probleme waren, wurde uns erst später klar.

ÜBUNGSBLATT 14A: ....

RELATIVE CLAUSES

A. Sagen Sie es mit einem Relativpronomen!

1. Der Arzt ist gut.
   Das ist ein Arzt, der gut ist.

   ....

2. Den Journalisten kenne ich nicht.
   Das ist ein Journalist, den ich nicht kenne.

   ....

3. Wir haben es der Dame gesagt.
   Das ist die Dame, der wir es gesagt haben.

   ....

4. Ich habe das Buch des Professors.
   Das ist der Professor, dessen Buch ich habe.

   ....

5. Wir haben den Leuten geholfen.
   Das sind die Leute, denen wir geholfen haben.

   ....

6. Wir haben mit dem Herrn gesprochen.
   Das ist der Herr, mit dem wir gesprochen haben.

   ....

B. Stellen Sie Fragen!

1. Du hast die Gitarre gekauft.
   Ist das die Gitarre, die du gekauft hast?

   ....

2. Das Auto gehört dem Herrn.
   Wo ist der Herr, dem das Auto gehört?

   ....

3. Der Koffer des Kollegen steht hier.
   Wo ist der Kollege, dessen Koffer hier steht?

   ....

4. Er spricht von einem Komponisten.
   Wie heißt der Komponist, von dem er spricht?

   ....

C. Das haben wir zur Hochzeit bekommen.

Onkel Otto hat uns einen Scheck geschickt.
Das ist der Scheck, den Onkel Otto uns geschickt hat.

1. Onkel Otto hat uns einen Scheck geschickt.
2. Tante Irene hat uns die Gläser gegeben.
3. Meine Großmutter hat uns die Tassen geschenkt.
4. Meine Freundin hat das Radio gebracht.
5. Deine Eltern haben uns den Sessel geschenkt.
6. Deine Freunde haben das Bild geschickt.

ÜBUNGSBLATT 14B: ....

TEIL ZWEI

INDIRECT SPEECH

D. Was haben sie gesagt oder gefragt?

1. Hans reist gern nach Saas-Fee.
   Sie sagte, daß Hans gern nach Saas-Fee reiste.

   Hans reist gern nach Saas-Fee.
   Das Dorf ist autofrei.
   Es gibt dort viele Alpenblumen.
   Man kann auch im Juli Ski laufen.
   Er fährt bald wieder nach Saas-Fee.

2. Carolyn hat ein Jahr in Deutschland studiert.
   Er erzählte, daß Carolyn ein Jahr in Deutschland studiert hätte.

   Beginnen Sie!

   Carolyn hat ein Jahr in Deutschland studiert.
   Es hat ihr dort sehr gut gefallen.
   In den Ferien ist sie gereist.
   Sie ist auch in Griechenland gewesen.
   Sie hat viele Menschen kennengelernt.
   Sie ist erst im August zurückgekommen.

3. Ist das die Gedächtniskirche?
   Sie fragte, ob das die Gedächtniskirche wäre.

   Ist das die Gedächtniskirche?
   Kann man hineingehen?
   Ist in Berlin wirklich so viel los?
   Gehst du viel ins Kino? (ich)
   Gibt es hier gute Discos?
   Studieren viele Ausländer in Berlin?

4. Wo ist das Brandenburger Tor?
   Sie fragte, wo das Brandenburger Tor wäre.

   Wo ist das Brandenburger Tor?
   Wie heißt das Gebäude da drüben?
   Was macht man jetzt mit dem Reichstagsgebäude?
   Was soll man sich noch ansehen?
   Wie lange ist Berlin eine Insel gewesen?
   Wann hat man die Mauer durchbrochen?

5. Hören Sie sich ein Konzert an!
   Er sagte, sie sollten sich ein Konzert anhören.

   Hören Sie sich ein Konzert an!
   Gehen Sie in die Staatsoper!
   Besuchen Sie das Pergamonmuseum!
   Bummeln Sie am Ku'damm entlang!
   Gehen Sie im Schloßpark spazieren!
   Machen Sie eine Fahrt auf dem Wannsee!

ÜBUNGSBLATT 14C: ....

AUSSPRACHE *(See also III.19, 21, and 22 in the pronunciation section.)*

Hören Sie zu, und wiederholen Sie!

1. [pf] Pfeffer, Pfennig, Pfund, Apfel, Kopf, empfehlen
2. [ps] Psychologie, psychologisch, Psalm, Pseudonym, Kapsel
3. [kv] Quatsch, Qualität, Quantität, Quartal, bequem

VERSTEHEN SIE?

Einer, der das Warten gelernt hat

Das ist neu: der Buddha   *Buddha statue*
               reiben, rieb, gerieben *to rub*

ÜBUNGSBLATT 14D: ....

DIKTAT

ÜBUNGSBLATT 14E: ....

EINBLICKE

Berlin, damals und heute

NAME _____ DATUM _____ KURS _____

ÜBUNGSBLATT 14

A. GESPRÄCH

   1. a. ein Lippenstift   3. a. im Bett
      b. eine Puderdose   b. vorm Fernseher
      c. ein Mahnmal   c. an der Mauer

   2. a. die Umgebung
      b. das Fernsehen
      c. die Mauer

B. *RELATIVE CLAUSES*

   1. Wie heißt _____ , _____ wir gerade gesprochen haben?

   2. Wie heißt _____ , _____ Seminar du belegt hast?

C. *INDIRECT SPEECH*

   1. Sie fragte, _____ .

   2. Er sagte, _____ .

   3. Sie sagten den Kindern, _____ .

D. VERSTEHEN SIE?

   1. Richtig   Falsch   4. Richtig   Falsch
   2. Richtig   Falsch   5. Richtig   Falsch
   3. Richtig   Falsch

Copyright (c) 1995 by Holt, Rinehart and Winston, Inc. All rights reserved.

E. DIKTAT

KAPITEL 15

IM SPRACHLABOR

TEIL EINS

GESPRÄCH

Zu Besuch in Weimar

THOMAS   Komisch. Dieses Denkmal von Goethe und Schiller kommt mir so bekannt vor. Ich glaube, ich habe es schon irgendwo gesehen.
DANIELA Warst du mal in San Francisco?
THOMAS   Natürlich! Im Golden Gate Park!
DANIELA Genau! Vor ein paar Jahren war es noch leichter für uns, das Denkmal dort zu sehen, als hierher nach Weimar zu kommen.
THOMAS   Und dabei ist es nur etwa zwei Stunden von Göttingen entfernt.
DANIELA Hast du gewußt, daß Weimar für das Jahr 1999 zur Kulturhauptstadt Europas gewählt worden ist?
THOMAS   Na klar. Dabei habe ich allerdings gemischte Gefühle.
DANIELA Wieso denn? Im 18. Jahrhundert haben hier doch viele berühmte Leute gelebt, und die Weimarer Republik ist danach genannt.
THOMAS   Das stimmt, aber wenn man die Stadt oben vom Ettersberg sieht, dann kommen alle möglichen Fragen auf.
DANIELA Da hast du natürlich recht.

DANIELA Du, die alten Häuser hier sind echt schön.
THOMAS   Ja, sie sind erst vor ein paar Jahren restauriert worden. Das hat den Staat ganz schön viel Geld gekostet.
DANIELA Gut, daß hier keine Autos fahren dürfen.
THOMAS   Gott sei Dank! Die Fassaden hätten die Abgase der Trabbis nicht lange überlebt. Bei uns gibt es jetzt eine Bürgerinitiative, alle Autos in der Altstadt zu verbieten, um die alten Gebäude zu retten.
DANIELA Das finde ich gut.
THOMAS   Ja, wo ein Wille ist, ist auch ein Weg.

ÜBUNGSBLATT 15A: ....

THE PASSIVE VOICE

A. Ersetzen Sie das Subjekt!

1. Er wird heute photographiert. (wir)
   Wir werden heute photographiert.

   ....

2. Ich wurde zur Party eingeladen. (ihr)
   Ihr wurdet zur Party eingeladen.

   ....

3. Du wirst angerufen werden. (Sie)
   Sie werden angerufen werden.

   ....

4. Ist Trudi schon gefragt worden? (ihr)
   Seid ihr schon gefragt worden?

   ....

5. Die Leute sollen noch bezahlt werden. (ich)
   Ich soll noch bezahlt werden.

   ....

B. Wer hat das Hotel empfohlen?

   Es wurde von dem Taxifahrer empfohlen. (ein Freund)
   Es wurde von einem Freund empfohlen.

   ....

C. Sagen Sie die Sätze im Aktiv!

   Der Turm wird von den Amerikanern besichtigt.
   Die Amerikaner besichtigen den Turm.

   1. Der Turm wird von den Amerikanern besichtigt.
   2. Die Prüfung wird von dem Studenten gemacht.
   3. Das Paket wird von der Firma geschickt.
   4. Der Sauerbraten wird von dem Ober empfohlen.
   5. Die Wohnung wird von der Dame vermietet.

D. Sagen Sie die Sätze im Passiv! *(Don't express the agent.)*

   Die Firma renoviert das Gebäude.
   Das Gebäude wird renoviert.

   ....

E. Sagen Sie die Sätze in einer anderen Zeit!

   1. In der Vergangenheit

      Die Pläne werden gemacht.
      Die Pläne wurden gemacht.

      ....

2. Im Perfekt

   Das Schloß wird besichtigt.
   Das Schloß ist besichtigt worden.

   ....

3. In der Zukunft

   Es wird viel geredet.
   Es wird viel geredet werden.

   ....

ÜBUNGSBLATT 15B: ....

TEIL ZWEI

F. Die Hochzeit. Was muß gemacht werden?

Wir müssen die Hochzeit feiern.
Die Hochzeit muß gefeiert werden.

1. Wir müssen die Hochzeit feiern.
2. Wir müssen Einladungen schreiben.
3. Wir müssen das Haus putzen.
4. Wir müssen die Blumen bestellen.
5. Wir müssen die Lebensmittel kaufen.
6. Wir müssen den Sekt kalt stellen.
7. Wir müssen Kuchen backen.
8. Wir müssen den Photographen anrufen.

THE VARIOUS USES OF WERDEN

G. Jetzt hören Sie zehn Sätze. Welche Funktion hat _werden_? Ist _werden_ ein volles Verb *(a full verb)*, oder ist der Satz in der Zukunft, im Konjunktiv oder im Passiv? Passen Sie auf! *(Circle the correct answer.)*

1. volles Verb	Zukunft	Konjunktiv	Passiv
2. volles Verb	Zukunft	Konjunktiv	Passiv
3. volles Verb	Zukunft	Konjunktiv	Passiv
4. volles Verb	Zukunft	Konjunktiv	Passiv
5. volles Verb	Zukunft	Konjunktiv	Passiv
6. volles Verb	Zukunft	Konjunktiv	Passiv
7. volles Verb	Zukunft	Konjunktiv	Passiv
8. volles Verb	Zukunft	Konjunktiv	Passiv
9. volles Verb	Zukunft	Konjunktiv	Passiv
10. volles Verb	Zukunft	Konjunktiv	Passiv

ÜBUNGSBLATT 15C: ....

AUSSPRACHE *(See also II.42 in the pronunciation section.)*

Hören Sie zu, und wiederholen Sie!

1. +Erich +arbeitet +am +alten Dom.
2. Die +Abgase der +Autos machen +einfach +über+all +alles kaputt.
3. +Ulf +erinnert sich +an +ein +einmaliges +Abendkonzert +im +Ulmer Dom.
4. +Otto sieht +aus wie +ein +alter +Opa.
5. +Anneliese +ist +attraktiv +und +elegant.

VERSTEHEN SIE?

<u>Der Mantel</u>

Das ist neu: herum·laufen   *to run around*
              protestieren   *to protest*
              Das ist egal.   *That doesn't matter.*

ÜBUNGSBLATT 15D: ....

DIKTAT

ÜBUNGSBLATT 15E: ....

EINBLICKE

<u>Wer sind wir?</u>

NAME _____ DATUM _____ KURS _____

ÜBUNGSBLATT 15

A. GESPRÄCH

   1. Richtig   Falsch   4. Richtig   Falsch
   2. Richtig   Falsch   5. Richtig   Falsch
   3. Richtig   Falsch

B. *THE PASSIVE VOICE*

   1. Die Pläne _____ .

   2. Die Häuser _____ .

   3. Der Dom _____ .

C. *THE VARIOUS USES OF* **WERDEN**

   1. volles Verb   Zukunft   Konjunktiv   Passiv
   2. volles Verb   Zukunft   Konjunktiv   Passiv
   3. volles Verb   Zukunft   Konjunktiv   Passiv

D. VERSTEHEN SIE?

   1. a. Der Mantel wäre zu elegant.
      b. Der Mantel sähe furchtbar aus.
      c. Der Mantel sähe toll aus.

   2. a. Hier würde ihn niemand kennen.
      b. Er hätte kein Geld, sich einen Mantel zu kaufen.
      c. Das wäre schade.

   3. a. Er ist von niemand abgeholt *(picked up)* worden.
      b. Er ist von ein paar Studenten abgeholt worden.
      c. Er ist von Einstein abgeholt worden.

   4. a. Er meinte, Einstein wäre ein intelligenter Mann.
      b. Er meinte, die Leute könnten schlecht von ihm denken.
      c. Er sagte, er würde ihm einen Mantel kaufen.

   5. a. Er sagte „Danke schön!"
      b. Das wäre egal, weil ihn jeder kennen würde.
      c. Er hätte keine Zeit, einkaufen zu gehen.

E. DIKTAT

ZU HAUSE

(WORKBOOK)

NAME _____ DATUM _____ KURS _____

✓ OK!

SCHRITT 1

ZU HAUSE

Auf deutsch, bitte! *(Write it in German.)*

1. Miss *das* Fräulein
2. Mr. *der* Herr
3. Mrs. *die* Frau
4. I'm (feeling) fine. Es geht mir gut.
5. Hello. Guten Tag!
6. Good-bye. Auf Wiedersehen!
7. How are you? Wie geht es Ihnen?
8. My name is Max. Ich heiße Max (Mein Name is Max)
9. What's your name? Wie heißen Sie?
10. Glad to meet you! Freut mich.

SCHRITT 2

ZU HAUSE

Auf deutsch, bitte! *(Include the proper article and plural of nouns.)*

1. the pencil der Bleistift — die Bleistifte
2. the book das Buch — die Bücher
3. the color die Farbe — die Farben
4. the door die Tür — die Türen
5. in German auf deutsch
6. yellow gelb
7. I am Ich bin
8. to read lesen
9. to hear hören
10. How does one say...? Wie sagt man

NAME _____ DATUM _____ KURS _____

SCHRITT 3

ZU HAUSE

Auf deutsch, bitte!

1. the sweater der Pullover (Pulli)
2. the shirt das Hemd
3. the blouse die Bluse
4. the coat der Mantel
5. to go gehen
6. to understand verstehen
7. big groß
8. slowly langsam
9. short kurz
10. I don't know. Ich weiß nicht.

SCHRITT 4

ZU HAUSE

Auf deutsch, bitte!

1. *one mark* eine Mark
2. *How much are . . . ?* was kosten
3. *That comes to . . .* das kostet
4. *to need* brauchen
5. *to count* zählen
6. *to open* öffnen
7. *hundred* hundert
8. *thousand* tausend
9. *today* heute
10. *how many?* wie viele?

NAME _____ DATUM _____ KURS _____

SCHRITT 5

ZU HAUSE

Auf deutsch, bitte!

1. *the day* der Tag, -e
2. *the month* der Monat
3. *the weather* das Wetter
4. *the week* die Woche
5. *the year* das Jahr
6. *It's beautiful.* ~~ist~~ es ist schön
7. *Isn't it?* nicht wahr?
8. *It's raining.* ~~es ist~~ es regnet
9. *really* wirklich!
10. *I think so, too.* ~~ich finde es auch~~ Das finde ich auch

SCHRITT 6

ZU HAUSE

Auf deutsch, bitte!

1. the clock — die Uhr, -en
2. the time — die Zeit
3. the lecture — die Vorlesung
4. to play tennis — ~~spielen~~ Tennis spielen
5. to eat — essen
6. finished — fertig
7. What time is it? — wieviel Uhr ist es?
8. now — jetzt
9. I have a question. — ich habe eine Frage.
10. You're welcome. — bitte! (bitte schön!)

NAME _____ DATUM _____ KURS _____

RÜCKBLICK: SCHRITTE

A. Sprechsituation: Was sagen Sie?

For each of the statements or questions below, circle the letter preceding the most appropriate response.

1. Guten Morgen!
   a. Gute Nacht!   b. Guten Abend!   **(c.)** Guten Tag!

2. Wie geht es Ihnen?
   a. Freut mich.   **(b.)** Sehr gut, danke!   c. Ich finde es schön.

3. Ich heiße Schulz. Und Sie?
   a. Es geht mir auch gut.   b. Ich habe keine Zeit.   **(c.)** Mein Name ist Fitzke.

4. Was bedeutet das?
   a. Wie bitte?   **(b.)** Ich weiß nicht.   c. Schade!

5. Das Wetter ist heute furchtbar, nicht wahr?
   a. Ja, die Sonne scheint.   b. Sprechen Sie nicht so schnell!   **(c.)** Ja, es regnet und regnet.

6. Tschüß!
   (a.) Bis später!   b. Ich auch.   c. Prima!

B. Auf deutsch, bitte!

1. *Good morning. Please open the book to page ten.*

   Guten Morgen! Bitte, öffnen Sie das Buch auf Seite zehn.

2. *Do you understand that?*

Verstehen Sie das?

3. *Yes, but please read slowly.*

Ja, aber lesen Sie langsam.

4. *What's the weather like?*

Wie ist das Wetter?

5. *It's raining, isn't it?*

Es regnet, nicht wahr?

6. *No, the sun is shining.*

Nein, die Sonne scheint.

7. *Really? I think that's wonderful.*

Wirklich? Ich finde es wunderbar.

8. *How late is it?*

Wie spät ist es?

9. *It's a quarter to twelve.*

Es ist Viertel vor zwölf.

10. *Thank you. —You're welcome.*

Danke! Bitte!

11. *When do you eat?*

Wann essen Sie?

12. *At half past twelve. Good-bye!*

Um halb eins. Auf Wiedersehen! (Tschüß!)

NAME_____ DATUM_____ KURS_____

C. Was paßt? *(What fits? Match each classroom expression on the left with the English equivalent on the right. Although not all of these are active vocabulary, you should be able to understand them.)*

_i_ 1. Alle zusammen!   a. Make a sentence.

_l_ 2. Antworten Sie, bitte!   b. Listen well.

_g_ 3. Auf deutsch, bitte!   c. Please learn that.

_a_ 4. Bilden Sie einen Satz!   d. Again, please.

_n_ 5. Gehen Sie an die Tafel, bitte! e. I don't understand that.

_b_ 6. Hören Sie gut zu!   f. Please repeat.

_k_ 7. Ich habe eine Frage.   g. In German, please.

_e_ 8. Ich verstehe das nicht.   h. Speak louder.

_o_ 9. Ich weiß nicht.   i. All together.

_c_ 10. Lernen Sie das, bitte!   j. Please write.

_q_ 11. Lesen Sie laut!   k. I have a question.

_d_ 12. Noch einmal, bitte!   l. Please answer.

_p_ 13. Passen Sie auf!   m. What did you say, please?

_j_ 14. Schreiben Sie, bitte!   n. Please go to the board.

_h_ 15. Sprechen Sie lauter!   o. I don't know.

_r_ 16. Sprechen Sie langsam!   p. Pay attention.

_m_ 17. Wie bitte?   q. Read aloud.

_f_ 18. Wiederholen Sie, bitte!   r. Speak slowly.

Copyright (c) 1995 by Holt, Rinehart and Winston, Inc. All rights reserved.

NAME _____ DATUM _____ KURS _____

KAPITEL 1

ZU HAUSE

A. Bilden Sie Wörter! *(Form a compound from each pair of nouns; write it with the definite article to show its gender, and give its meaning in English.)*

z.B. das Land + die Karte = <u>die Landkarte, *map*</u>

1. der Sommer + das Wetter = *das Sommerwetter; the summer weather*

2. die Mutter + die Sprache = *die Muttersprache; the mother language*

3. der Berg + der See = *der Bergsee; the mountain lake*

4. die Bilder + das Buch = *das Bilderbuch; the photo album*

5. die Kinder + die Kleidung = *die Kinderkleidung; the children's clothing*

6. die Stadt + der Teil = *der Stadtteil; the city boundary section*

7. der Winter + der Mantel = *der Wintermantel; the winter coat*

8. der Nachbar + das Kind = *das Nachbarkind; the neighbor child*

9. die Stadt + der Mensch = *der Stadtmensch; the townpeople*

10. der Vater + die Stadt = *die Vaterstadt; the fathertown*

B. Was fehlt? *(Find each missing word or phrase in the list on the left and write it in the blank.)*

- Deutsch
- Hauptstadt
- Österreicher
- Südosten
- geht
- habe
- liegt
- auf
- aus
- in 5 Minuten

„Guten Tag, Udo! Wie geht's?"

„Ach, es __geht__ (1) mir schlecht. Um elf Uhr __habe__ (2) ich eine Prüfung. Der Professor ist __aus__ (3) Österreich. Er ist __Österreicher__ (4). Wir sprechen nur __Deutsch__ (5). Er fragt alles __auf__ (6) deutsch. Salzburg ist die __Hauptstadt__ (7) von Österreich, oder?"

„Nein, Wien."

„Österreich __liegt__ (8) südlich von Deutschland, richtig?"

„Ja, im __Südosten__ (9)."

„Du, __in fünf Minuten__ (10) beginnt die Prüfung. Auf Wiedersehen!"

NAME _____ DATUM _____ KURS _____

C. Bilden Sie ganze Sätze! *(Form complete sentences. Provide appropriate articles and verb endings, and use the correct word order.)*

1. Liechtenstein / sein / Land / in Europa

Liechtenstein ist ein Land in Europa

2. es / liegen / westlich / Österreich / und / südlich / Deutschland

Es liegt westlich von Österreich und südlich von Deutschland

3. da / ungefähr / 24.000 Menschen / wohnen

Da wohnen ungefähr 24.000 Menschen

4. es / haben / eine Stadt / nur

Nur eine Stadt hat es.

5. Stadt / heißen / Vaduz

Die Stadt heißt Vaduz

6. es / sein / Hauptstadt

Es ist die Hauptstadt

7. Liechtensteiner *(pl.)* / sprechen / Deutsch

Die Liechtensteiner sprechen Deutsch.

D. Was ist was? *(Identify the various numbers and letters on this map.)*

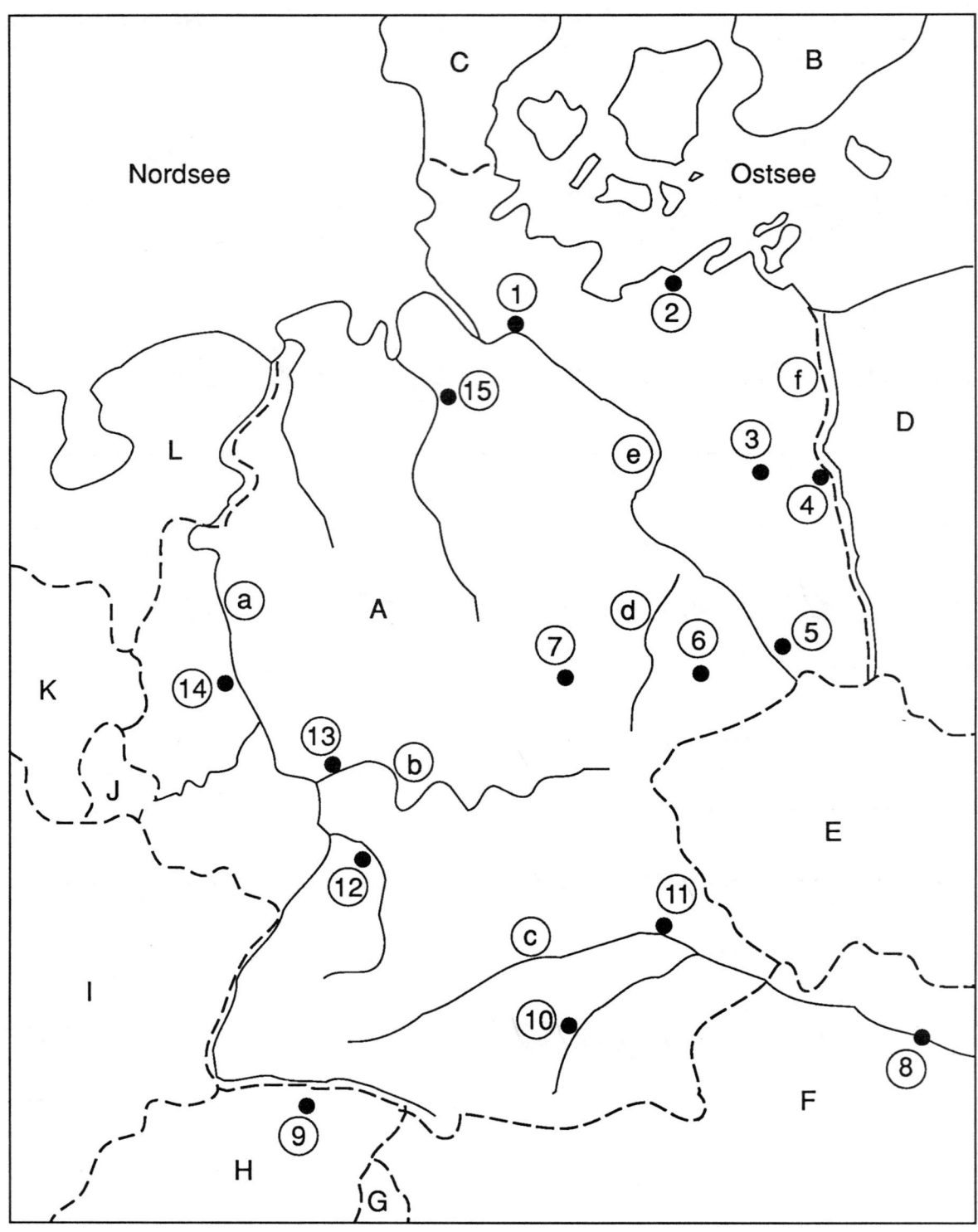

148

NAME _____ DATUM _____ KURS _____

The capital letters on the map above represent different countries; small letters represent rivers; numbers stand for cities. Create a key to the map by filling in the names in the spaces below. You may wish to check the map found in the front of your textbook.

A. das DEUTSCHLAND
B. das SCHWEDEN
C. das DÄNEMARK
D. das POLEN
E. die TSCHECHEI
F. das ÖSTERREICH
G. das LIECHTENSTEIN
H. die SCHWEIZ
I. das FRANKREICH
J. das LUXEMBURG
K. das BELGIEN
L. die NIEDERLANDE

a. DIE EMS
b. DER RHEIN
c. DIE DONAU
d. DIE SAALE
e. DIE ELBE
f. DIE ODER

1. HAMBURG
2. ROSTOCK
3. BERLIN
4. FRANKFURT
5. DRESDEN
6. JENA
7. ERFURT
8. SALZBURG
9. KONSTANZ
10. AUGSBURG
11. REGENSBURG
12. STUTTGART
13. FRANKFURT
14. BONN
15. BREMEN

E. Sprechsituationen: Was sagen Sie?

For each of the statements or questions below, circle the letter preceding the most appropriate response.

1. Jetzt regnet es schon wieder!
   (a.) Wie ist das Wetter?   b. Es ist wirklich furchtbar.   c. Das finde ich auch.

2. Heute ist es aber heiß!
   (a.) Schön, nicht wahr?   b. Ja, es schneit schon wieder.   c. Ich auch.

3. Woher sind Sie?
   a. Ich bin müde.   b. Ich habe zwei Geschwister.   (c.) Ich komme aus Frankreich.

4. Ich studiere hier.
   (a.) Ach, du bist auch Student?   b. Ich bin aus Amerika.   c. Ich bin auch Professor.

5. Wie alt bist du?
   a. Ich bin im Mai geboren.   b. Mein Bruder ist 21.   (c.) Ich bin 23.

6. Wie findest du es hier?
   a. Ich weiß nicht wo.   b. Meine Eltern wohnen in Frankfurt.   (c.) Natürlich prima!

F. Aufsatz *(Composition)*

Write a continuous paragraph of six to eight sentences about yourself. Tell how old you are, where you are from, about your family, what you are studying, and how you like it here.

Ich heiße Carolyn. Ich bin 49. Ich bin aus Sacramento, California. Meine Mutter kommt aus Deutschland aber mein Vater kommt aus Amerika. Ich studiere Deutsch. Ich finde es prima hier.

NAME _____ DATUM _____ KURS _____

KAPITEL 2

ZU HAUSE

A. Erweitern Sie Ihren Wortschatz *(Increase your vocabulary)*!

Because German and English are both members of the Germanic branch of the Indo-European language family, they share a lot of vocabulary. You already know quite a few cognates. Some are identical in spelling; some are very similar. For each of the English words below, give the German cognate, and in the case of nouns, the gender, plural, and appropriate personal pronoun.

z.B. word das Wort, die Wörter; es

1. *shoe* _____

2. *brother* _____

3. *family* _____

4. *weather* _____

5. *butter* _____

6. *land* _____

7. *brown* _____

8. *green* _____

9. *to cost* _____

10. *to begin* _____

11. *to drink* _____

12. *to bring* _____

B. Was fehlt?

Stück
habe
den
ein
ein paar
er
er
es
etwas
etwas
gern
was

„Da ist ___(1)___ Supermarkt. ___(2)___ ist sehr gut. Das Gemüse ist nicht

billig, aber ___(3)___ ist sehr frisch."

„Ich ___(4)___ Hunger. ___(5)___ kaufen wir?"

„Ich brauche ___(6)___ Wurst und Käse, ___(7)___

Tomaten und ___(8)___ Brot."

„Sehen Sie ___(9)___ Apfelkuchen? ___(10)___ ist wunderbar."

„Ich esse ___(11)___ Apfelkuchen."

„Geben Sie mir bitte drei ___(12)___ Apfelkuchen!"

NAME _____ DATUM _____ KURS _____

C. Auf deutsch, bitte!

1. *We are going through the department store.*

   _____

2. *There they have jackets and coats. They are inexpensive.*

   _____

   _____

3. *What do you (sg. fam.) have against the coat?*

   _____

4. *I don't need a coat, and I wouldn't like a jacket.*

   _____

   _____

5. *I would like a cup of coffee without milk.*

   _____

6. *What kind of cake would you (sg. fam.) like? — Cheesecake, of course!*

   _____

   _____

D. Kreuzworträtsel *(Fill in the crossword puzzle below.)*

Horizontal:

1. Die _____ ist ein Geschäft. Da kauft man Shampoo, aber keine Medizin.
2. Möchten Sie ein _____ Kuchen?
3. Mittags essen die Deutschen oft _____ mit Gemüse und Kartoffeln.
4. Eine _____ ist rot.
5. Eine _____ ist lang und grün.
6. Man kauft _____ im Frühling. Ein _____kuchen ist prima.

Vertikal:

1. In England trinkt man viel _____ .
2. Bohnen, Erbsen und Kartoffeln sind _____ .
3. Kinder essen gern _____ .
4. _____ ist ein Milchprodukt.
5. Studenten trinken gern _____ .
6. Ich esse etwas. Ich habe _____ .
7. Ich esse _____ mit Butter und Käse.
8. Morgens esse ich auch gern ein _____ .

E. Sprechsituation: Im Kaufhaus

It's gotten cold and you need a warm coat.

FRÄULEIN   Guten Tag! Was darf's sein?

SIE   _____

FRÄULEIN   Hier sind die Mäntel.

SIE   _____

FRÄULEIN   Ja, sie sind schön warm.

SIE   _____

FRÄULEIN   Er kostet nur 345,— DM.

SIE   _____

FRÄULEIN   Sehr gut. Sonst noch etwas?

SIE   _____

FRÄULEIN   Vielen Dank! Auf Wiedersehen!

F. Aufsatz

Write a brief paragraph about shopping in Regensburg by answering the questions below.

Einkaufen in Regensburg

Was für Geschäfte gibt es um die Ecke? Ist das Lebensmittelgeschäft sehr teuer? Wann ist Markt? Was verkaufen die Bauern da? Wie ist alles? Wann sind die Geschäfte offen? Wann sind sie zu?

NAME _____ DATUM _____ KURS _____

KAPITEL 3

ZU HAUSE

A. Erweitern Sie Ihren Wortschatz!

An analysis of groups of cognates shows that differences between English and German cognates developed quite systematically. For the groups of words below, write the English equivalents, and point out the vowel relationship.

z.B. klar   <u>*clear*</u>   <u>*a / ea*</u>
      Jahr   <u>*year*</u>

1. alt _____ _____   5. Osten _____ _____

   kalt _____   Bohne _____

   lang _____
                                    6. gut _____ _____

2. Tee _____ _____   Buch _____

   See _____   Nudel _____

3. Bier _____ _____   7. Suppe _____ _____

   Knie _____   jung _____

4. Sommer _____ _____

   Sonne _____

   Onkel _____

B. Was fehlt?

ein Glas
eine Tasse
ißt
aus
bei
das
nach
nach
seit
um
zum
zur

Tom ist Amerikaner. Er kommt _____(1)_____ Milwaukee. Er ist

_____(2)_____ März in Heidelberg. Er wohnt _____(3)_____ Familie

Schneider. Da _____(4)_____ er Frühstück und Abendessen. _____(5)_____

Frühstück gibt es Joghurt oder Ei, Brot, Butter, Wurst oder Marmelade und Kaffee.

_____(6)_____ dem Frühstück geht Tom zur Universität *(university)*. Mittags

geht er _____(7)_____ Mensa. Da ist _____(8)_____ Mittagessen nicht teuer.

_____(9)_____ fünf oder halb sechs geht er _____(10)_____ Hause.

Das Abendessen ist kalt. Herr Schneider trinkt _____(11)_____ Wein, aber

Frau Schneider trinkt _____(12)_____ Tee. Tom trinkt Milch, wie *(like)*

die Kinder.

C. Bilden Sie ganze Sätze!

1. Ober / geben / Alex / Speisekarte

2. Alex / lesen / Speisekarte / und / nehmen / Reis mit Huhn *(chicken)*

3. er / essen / auch / etwas Salat / und / trinken / Glas Wein

4. Zum Nachtisch / Ober / empfehlen / Schokoladenpudding

5. Restaurant / gefallen / Student *(sg.)*

D. **Was ist was?** *(Write the German word for each numbered item in the picture below. Include the proper article and plural.)*

1. _____

2. _____

3. _____

4. _____

5. _____

6. _____

7. _____

8. _____

NAME _____ DATUM _____ KURS _____

E. Sprechsituation: Im Restaurant

Complete the dialogue below by filling in the missing lines. For a choice of foods, use the menu on p. 108 of the textbook.

OBER Guten Tag! Was darf's sein?

SIE _____

OBER Möchten Sie die Speisekarte sehen?

SIE _____

OBER Hier ist sie.

SIE _____

OBER Der Sauerbraten ist heute besonders gut.

SIE _____

OBER Was für Suppe möchten Sie?

SIE _____

OBER Und was möchten Sie trinken?

SIE _____

OBER Und zum Nachtisch?

SIE _____

OBER Gut. Die Suppe kommt in zwei Minuten.

F. Aufsatz

Describe two of the following people in four to five sentences each.

1. *Oskar who is on a diet*
2. *Petra who is a vegetarian*
3. *Nicole who loves junk food*
4. *Irene who thinks well-balanced meals and good nutrition are very important*

z.B. *Andreas who doesn't care about calories*

Andreas hat immer Hunger. Zum Frühstück ißt er Cornflakes, Brötchen mit Butter und Marmelade, und trinkt ein Glas Milch. Mittags ißt er Fleisch, Gemüse und Kartoffeln, und zum Nachtisch Kuchen oder Eis. Nachmittags trinkt er Cola und ißt Chips, und abends ißt er Butterbrot mit Wurst oder Käse und etwas Obst.

NAME _____ DATUM _____ KURS _____

RÜCKBLICK: KAPITEL 1–3

A. Was fehlt?

1. Heute geht Frau Müller _____ Drogerie _____ Bäckerei und
   from the   *to the*

   _____ Supermarkt. 2. Dann geht sie _____ Markt. 3. Da kauft sie
   to the   *to the*

   Blumen _____ Großmutter, denn sie hat Geburtstag (*birthday*). 4. Frau Müller braucht
          for the

   auch ein paar Flaschen Wein, denn Freunde kommen _____ Wien. 5. Dann geht sie
                                                    from

   wieder _____ Hause und macht das Mittagessen _____ Familie:
          to   *for the*

   _____ Vater und _____ Kinder. 6. _____ eins sind
   for the   *for the*   *at*

   alle _____ Hause. 7. _____ Mittagessen gibt es heute Schnitzel,
        at   *for*

   Kartoffelsalat und Bohnen. 8. _____ Mittagessen machen die Kinder Hausaufgaben.
                                 after

9. _____ halb fünf geht Frau Müller _____ Kindern _____
   at   *with the*   *to the*

   Großmutter. 10. _____ Großeltern feiern (*celebrate*) sie _____ Kaffee
                   at the   *with*

   und Kuchen. 11. _____ Kaffee gehen Müllers _____ Stadt
                   after the   *through (the)*

   _____ Hause. 12. Die Kinder essen abends _____ Eltern, denn sie
   to   *without the*

   gehen früh (*early*) schlafen. 13. Die Eltern lesen und sprechen noch etwas _____
                                                                               after the

   Abendessen, aber nicht lange, denn sie sind schon (*already*) _____ halb sieben auf.
                                                                since

14. _____ zehn gehen sie auch schlafen.
    at

163

B. Was ist richtig?

1. ... gehört die Apotheke?
   a. wer   b. was   c. wen   d. wem

2. Der Herr ist ... Amerikaner.
   a. —   b. ein   c. einen   d. einem

3. Wie gefällt Ihnen ...?
   a. der See   b. den See   c. dem See   d. die Seen

4. ... ihr noch nicht fertig?
   a. sein   b. seid   c. sind   d. bist

5. ... du die Landkarte?
   a. hat   b. habt   c. hast   d. habe

6. Ist das Buch für ... Vater?
   a. Ihr   b. Ihren   c. Ihrem   d. Ihre

7. Mein Vetter ... morgen nach Berlin.
   a. fahre   b. fährst   c. fährt   d. fahrt

8. Außer ... Studentin sind alle hier.
   a. der   b. die   c. dem   d. den

9. ... ihr auch Hunger?
   a. hast   b. hat   c. habt   d. habe

10. ... du gern Äpfel?
    a. esse   b. ißt   c. eßt   d. ist

11. Die Uhr ist von ... Großeltern.
    a. mein   b. meine   c. meinem   d. meinen

12. Rotkäppchen bringt ... Großmutter ... Kuchen.
    a. die / dem   b. der / den   c. der / dem   d. die / den

13. Der Kellner empfiehlt ... Herrn ... Fisch.
    a. dem / den   b. den / dem   c. der / dem   d. die / den

14. Hier gibt es ... Supermarkt.
    a. kein   b. keinem   c. keine   d. keinen

15. Ich gehe jetzt zu ... Freundin.
    a. meine   b. meinem   c. mein   d. meiner

16. Oskar wohnt ... seiner Tante.
    a. mit   b. ohne   c. zu   d. bei

17. Geht ihr noch nicht ... Hause?
    a. —   b. nach   b. zu

18. ... die Kusine nicht Englisch?
    a. sprecht   b. spricht   c. spreche   d. sprechen

19. Ich nehme Käsekuchen. Was ... du?
    a. nehmt   b. nehme   c. nimmt   d. nimmst

20. Außer ... Bruder essen alle Suppe.
    a. mein   b. meiner   c. meinen   d. meinem

NAME _____ DATUM _____ KURS _____

C. Auf deutsch, bitte!

1. *John is an Englishman, but he's studying German.*

   _____

   _____

2. *In Europe languages are important.*

   _____

3. *Where is (there) a pharmacy and a supermarket?*

   _____

4. *Carolyn needs not only bread, butter, and jam, but also some cheese, a bottle of juice, two pounds of apples, and some bananas.*

   _____

   _____

   _____

5. *The stores are closed on Sundays.*

   _____

6. *Mr. and Mrs. Schmidt are coming for dinner.*

   _____

7. *Axel and I are helping at home.*

   _____

8. *He's carrying the plates and I'm carrying the forks and knives.*

   _____

   _____

Copyright (c) 1995 by Holt, Rinehart and Winston, Inc. All rights reserved.

9. *What's for dessert, pudding or ice cream?*

_____

10. *I have no pudding and no ice cream.*

_____

11. *But I would like some dessert!*

_____

12. *They don't like (to eat) dessert.*

_____

13. *What kind of people are they?*

_____

14. *My goodness, they are already here!*

_____

NAME _____ DATUM _____ KURS _____

KAPITEL

ZU HAUSE

A. Erweitern Sie Ihren Wortschatz!

German and English cognates display several very regular patterns of consonant correspondence. Give the German equivalents of the English words in each group and determine the particular consonant relationship as shown.

z.B. have   haben   v/b
     give   geben

1. book _____ _____   4. water _____ _____

   cake _____   hot _____

   milk _____   white _____

   to make _____   great _____

2. thick _____ _____   5. two _____ _____

   thin _____   ten _____

   brother _____   time _____

   to thank _____   salt _____

3. pound _____ _____   6. right _____ _____

   pepper _____   neighbor _____

   penny _____   eight _____

   apple _____   daughter _____

167

7. *good* _____ _____

loud _____

cold _____

door _____

B. Was fehlt? *(Fill in the blanks with forms of the present perfect.)*

1. haben	Am Samstag _____(1)_____ mein Vater Geburtstag _____(1)_____.
2. werden	Er _____(2)_____ fünfundfünfzig _____(2)_____. Meine Großeltern,
3. sein	Onkel und Tanten, Vettern und Kusinen _____(3)_____ hier _____(3)_____.
4. kommen	Auch ein paar Freunde _____(4)_____ _____(4)_____. Alle _____(5)_____
5. gratulieren	meinem Vater _____(5)_____. Er _____(6)_____ viele Geschenke
6. bekommen	_____(6)_____. Wir _____(7)_____ meinem Vater ein paar
7. schenken	Flaschen Wein und viele Blumen _____(7)_____. Wir _____(8)_____
8. trinken	Kaffee _____(8)_____ und Kuchen _____(9)_____.
9. essen	
10. bleiben	Meine Großeltern _____(10)_____ auch zum Abendessen hier _____(10)_____.
11. öffnen	Meine Mutter _____(11)_____ eine Flasche Sekt _____(11)_____. Wir
12. singen	_____(12)_____ _____(12)_____ und _____(13)_____.
13. tanzen	
14. machen	Die Party _____(14)_____ meinem Vater Spaß _____(14)_____.

NAME _____ DATUM _____ KURS _____

C. Bilden Sie Sätze!

1. Harald / sagen // daß / er / fahren / nach Hause / zu Weihnachten

_____

_____

2. ich / gehen / zum Supermarkt // bevor / ich / komme nach Hause

_____

_____

3. kommen / ihr // wenn / Katharina / haben / Geburtstag?

_____

4. obwohl / Restaurant / sein / sehr / gut // es / nicht / sein / teuer

_____

_____

5. wenn / du / sein / fertig // wir / spielen / Tennis

_____

6. sie (sg.) / fragen // ob / er / sprechen / Deutsch *(second clause present perfect)*

_____

7. weil / wir / sein / müde // wir / nicht / tanzen *(present perfect)*

_____

_____

D. Kreuzworträtsel

Horizontal:

3. ice cream
6. before
8. vacation
10. sentence
11. because
12. girl's name
14. and
15. pronoun for birthday
16. out of
18. song
20. (you/sg. fam.) are getting
22. because
23. pink
24. ago
26. still
27. never
28. to do

Vertikal:

1. understood
2. candle
3. pronoun for holiday
4. done
5. celebrations
7. although
9. sure
13. (the) first
14. around
17. sun
19. there
20. when?
21. skirt
25. whether

NAME_____ DATUM_____ KURS_____

E. Ferienkalender (*Fill in the missing blanks.*)

Schulferien

Land	Sommer	Herbst	Weihnachten	Ostern	Pfingsten
Baden-Württemberg	11.7.-24.8.	25.10.-30.10.	23.12.- 4.1.	13.4.-25.4.	1.6.-5.6.
Bayern	25.7.- 9.9.	28.10.- 2.11.	23.12.- 7.1.	13.4.-25.4.	9.6.-20.6.
Berlin	4.7.-17.8.	26.10.- 2.11.	23.12.- 6.1.	4.4.-25.4.	6.6.- 9.6.
Brandenburg		21.10.-25.10.	23.12.- 3.1.	14.4.-16.4.	5.6.- 9.6.
Bremen	4.7.-17.8.	14.10.-19.10.	23.12.- 6.1.	1.4.-21.-4	–
Hamburg	1.7.-10.8.	7.10.-19.10.	23.12.- 4.1.	9.3.- 21.3. 16.4.-21.4.	29.5.[2]
Hessen	1.7.-10.8.	7.10.-18.10.	23.12.-11.1.	3.4.-22.4.	–
Mecklenburg-Vorpommern		21.10.-25.10.	23.12.- 3.1.	15.4.-21.4.	5.6.- 9.6.
Niedersachsen	4.7.-14.8.	10.10.-19.10.	21.12.- 6.1.	1.4.-21.4.	6.6.- 9.6.
Nordrhein-Westfalen	18.7.-31.8.	21.10.-26.10.	23.12.- 6.1.	6.4.-25.4.	9.6.
Rheinland-Pfalz	20.6.-31.7.	21.10.-26.10.	23.12.- 8.1.	6.4.-25.4.	9.6.
Saarland	18.6.-31.7.	7.10.-19.10.	23.12.- 6.1.	13.4.-27.4.	–
Sachsen		14.10.-18.10.	23.12.- 3.1.	16.4.-24.4.	4.6.- 9.6.
Sachsen-Anhalt		21.10.-25.10.	23.12.- 6.1.	13.4.-21.4.	4.6.-10.6.
Schleswig-Holstein	28.6.-10.8.	14.10.-26.10.	23.12.- 6.1.	9.4.-25.4.	–
Thüringen		21.10.-25.10.	23.12.- 3.1.	13.4.-16.4.	5.6.- 9.6.

1. Hier ist ein Ferienkalender von den sechzehn deutschen _____. 2. Alle Schulkinder haben zu Weihnachten und zu _____ Ferien. 3. Aber nicht alle haben zu zu _____ (*Pentecost*) Ferien. 4. Bremen, Hessen, das Saarland und Schleswig-_____ haben zu der Zeit keine Ferien. 5. Nordrhein-_____ und Rheinland-_____ haben zu Pfingsten nur einen Tag, den _____ Juni. 6. Brandenburg, _____-Vorpommern und Th_____ haben fünf Tage Pfingstferien, vom _____ bis zum _____ Juni. 7. Die Sommerferien beginnen zwischen Mitte Juni und Mitte Juli, aber in Bayern nicht vor dem _____ Juli. 8. In _____-Pfalz und im Saarland enden die Ferien schon am _____ Juli, aber in Bayern erst (*only*) am _____ September.

F. Christkindlmarkt (*Looking at the photo on p. 136 in your main text, complete the following statements about it.*)

1. Das Bild zeigt den Christkindlmarkt in . . .
   a. Leipzig   b. Nürnberg   c. Hamburg

2. Es ist . . .
   a. Morgen   b. Mittag   c. Abend

3. Auf dem Bild . . . es Hunderte von Buden, und die Atmosphäre ist prima.
   a. geben   b. gibt   c. gebt

4. Die Leute verkaufen Weihnachtsdekorationen, Spielzeug und Lebkuchen, aber das . . . man hier nicht.
   a. sehen   b. seht   c. sieht

5. Wir sehen auch zwei Kirchen *(churches)*. Die eine Kirche . . . St. Sebaldus.
   a. heißen   b. heiße   c. heißt

6. Der Christkindlmarkt . . . gewöhnlich vier Wochen, vom 1. Advent bis Weihnachten.
   a. dauert   b. feiert   c. arbeitet

7. Über *(over)* 2 Millionen . . . kommen dann zu diesem Markt.
   a. Freunde   b. Leute   c. Nachbarn

G. Sprechsituationen: Wann sagt man das?

Describe situations in which these expressions are appropriate responses.

z.B. Ich gratuliere Ihnen!
Meine Musiklehrerin hat Geburtstag.

1. Gute Besserung! _____

2. Das ist nett von dir! _____

3. Das ist ja unglaublich! _____

4. Vielen Dank! _____

5. Herzlichen Glückwunsch! _____

6. Schönes Wochenende! _____

7. Bis später! _____

8. Viel Glück! _____

NAME _____ DATUM _____ KURS _____

9. Was für eine Überraschung! _____
_____

10. Bitte, bitte! Nichts zu danken! _____
_____

H. Aufsatz

Write six sentences about what you did on the weekend.

<u>Was ich am Wochenende gemacht habe</u>

z.B. Am Wochenende bin ich einkaufen gegangen . . .

NAME _____ DATUM _____ KURS _____

KAPITEL

ZU HAUSE

A. Erweitern Sie Ihren Wortschatz!

Some cognates have changed their meaning over the centuries, although one can readily see the common element. Find the English cognate in the list on the right and give the modern English equivalent.

z.B. Flasche *h.* bottle

1. Hose _____
2. Tafel _____
3. Herbst _____
4. Zeit _____
5. Eltern _____
6. weit _____
7. fahren _____
8. Fleisch _____
9. Dom _____
10. Dame _____
11. Flasche _____
12. Mantel _____
13. Tisch _____
14. Blume _____

a. *bloom*
b. *dame*
c. *dish*
d. *dome*
e. *elders*
f. *fare*
g. *flesh*
h. *flask*
i. *harvest*
j. *hose*
k. *mantle*
l. *stool*
m. *table*
n. *tide*
o. *wide*

Copyright (c) 1995 by Holt, Rinehart and Winston, Inc. All rights reserved.

B. Was fehlt?

Graz, den 12. Juni

Liebe Eltern!

| Tage |
| kann |
| könnt |
| möchte |
| soll |
| wollen |
| Euch |
| Euch |
| ihr |
| in der Nähe |
| vom |
| mir |
| mir |
| mir |
| nach Hause |
| sondern |
| zu |

Jetzt bin ich schon drei _____(1)_____ in Graz. Mein Hotel liegt ganz zentral, _____(2)_____ Bahnhof. Ich bringe _____(3)_____ einen Stadtplan, wenn ich _____(4)_____ komme. Dann _____(5)_____ Ihr sehen, wo alles liegt.

Graz gefällt _____(6)_____ sehr gut. Von meinem Hotel _____(7)_____ man nicht nur die Stadt, _____(8)_____ auch den Fluß, den Dom und die Berge sehen. Ich gehe hier viel _____(9)_____ Fuß. Erika, eine Studentin, hilft _____(10)_____ viel. Wir _____(11)_____ morgen ein Zimmer suchen. Ich _____(12)_____ mit _____(13)_____ am Sonntag zum Schloßberg gehen. Von dort _____(14)_____ man Graz wunderbar sehen.

Wie Ihr seht, es geht _____(15)_____ sehr gut. Ich schreibe _____(16)_____ wieder.

Viele Grüße!

Eure Elisabeth

NAME _____ DATUM _____ KURS _____

C. Bilden Sie ganze Sätze!

1. heute / wir / wollen / bummeln / durch / Stadt

2. ich / nicht / wollen / fahren / mit / Bus // sondern / Fuß / gehen

3. ich / müssen / gehen / zu / Post

4. wir / können / einkaufen gehen / mit Steffen // wenn / er / kommen / aus / Mensa

5. hier / es / geben / ein Schloß / und / ein Schloßpark

6. können / du / sagen / mir // ob / es / sein / offen / heute?

D. Verkehrszeichen *(Guess what the traffic signs mean.)*

1. ___ Kinder
2. ___ Fußgängerweg
3. ___ Fußgängerüberweg *(pedestrian crossing)*
4. ___ Fahrradweg
5. ___ Autobahn *(freeway)*
6. ___ Bahnübergang *(railroad crossing)*
7. ___ Stopschild
8. ___ Vorfahrt *(yield)*
9. ___ Kurve
10. ___ rechts
11. ___ geradeaus oder rechts
12. ___ Kreuzung *(crossing)*
13. ___ Gefälle *(decline)*
14. ___ Engpaß *(street narrows)*
15. ___ Einbahnstraße *(one-way street)*
16. ___ keine Einfahrt *(do not enter)*
17. ___ Halteverbot *(no stopping or parking)*
18. ___ Überholverbot *(no passing)*
19. ___ Parkplatz
20. ___ Geschwindigkeitsbegrenzung *(speed limit)*

NAME _____ DATUM _____ KURS _____

E. Was ist auf dieser Karte von Österreich? *(Identify the various numbers and letters.)*

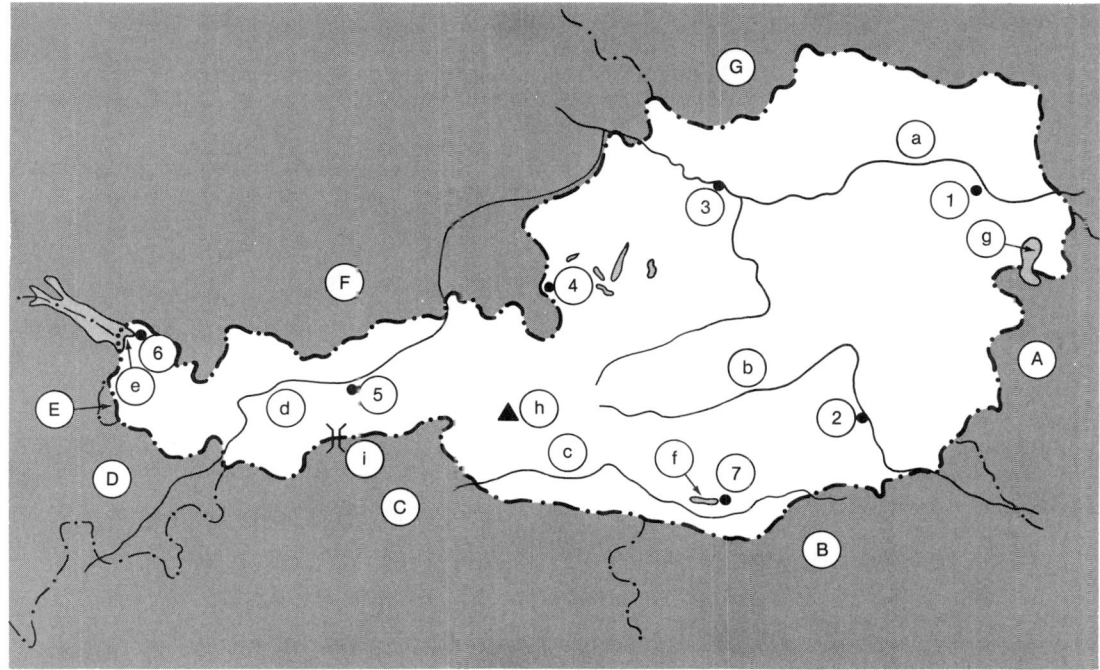

The capital letters on the map above represent different countries; small letters represent rivers, lakes, mountains, or mountain passes; numbers stand for cities. Create a key to the map by filling in the names in the spaces provided below. You may wish to check the map in the main text.

A. _____ a. _____ 1. _____

B. _____ b. _____ 2. _____

C. _____ c. _____ 3. _____

D. _____ d. _____ 4. _____

E. _____ e. _____ 5. _____

F. _____ f. _____ 6. _____

G. _____ g. _____ 7. _____

h. _____

i. _____

F. Sprechsituationen: Tourist in Wien

Explore Vienna by using the following map. Answer the tourist's questions and help give directions by circling the correct phrase in parentheses.

z.B. an der Information bei der Opernpassage

— Entschuldigung! Können Sie mir sagen, wie ich von hier zum Stephansdom komme?

— Gehen Sie immer geradeaus die Kärtnerstraße entlang. Dann sehen Sie (links, (rechts)) den Dom.

NAME _____ DATUM _____ KURS _____

1. am Stephansdom

    — Entschuldigen Sie, bitte! Wie kommt man von hier zur Hofburg?

    — Gehen Sie da drüben den Graben entlang bis zum Kohlmarkt. Beim Kohlmarkt gehen Sie (links, rechts), und dann kommen Sie direkt zur Hofburg.

2. an der Hofburg

    — Bitte, wo ist die Votivkirche?

    — Gehen Sie hier drüben die Herrengasse entlang. Dann sehen Sie (links, rechts) das Burgtheater. Gehen Sie weiter geradeaus die Schottengasse entlang, bis Sie zum Ring kommen. Gehen Sie da (links, rechts) in die Alser Straße. (Links, Rechts) ist dann die Universität und direkt gegenüber die Votivkirche.

3. an der Votivkirche

    — Verzeihung! Können Sie mir sagen, wie ich von hier zum Naturhistorischen und Kunsthistorischen Museum komme?

    — Gehen Sie dort am Ring (links, rechts). Dann immer geradeaus, vorbei am Rathaus und am Parlament. Und dann sehen Sie (links, rechts) zwei große Gebäude *(buildings)*. Das sind die Museen. Sie können auch durch den Volksgarten gehen.

4. beim Museum

    — Ach, entschuldigen Sie! Wie weit ist es von hier zur Karlskirche?

    — Nicht weit. Die Karlskirche ist in der Nähe vom Museum der Stadt Wien. Gehen Sie am Burgring und Opernring entlang und weiter am Kärntner Ring bis zur Schwarzenbergstraße. Bei der Schwarzenbergstraße gehen Sie (links, rechts), bis Sie zum Museum der Stadt Wien kommen. Und dann sehen Sie auch schon (links, rechts) die Karlskirche.

5. bei der Karlskirche

    — Können Sie mir bitte sagen, wie man von hier zur Donau kommt?

    — Gehen Sie am Schwarzenbergplatz (links, rechts) und dann bis zum Ring. Dort gehen Sie (links, rechts) und dann immer den Ring entlang, vorbei am Stadtpark. Da kommen Sie direkt an die Donau. Wenn das zu weit ist, können Sie auch mit dem Bus oder der U-Bahn fahren.

G. Aufsatz

Write a short note to a friend or your parents from Vienna. Use the questions as guidelines.

<u>Gruß aus Wien</u>

Wo sind Sie? Wie geht es Ihnen? Wie gefällt es Ihnen? Was kann man in Wien alles sehen? Von wo kann man die Stadt sehen? Wo gibt es viele Touristen? Warum? Was wollen Sie morgen tun? Wie kommen Sie dahin *(there)*?

NAME _____ DATUM _____ KURS _____

KAPITEL

ZU HAUSE

A. Erweitern Sie Ihren Wortschatz!

German and English share in the large international vocabulary based primarily on Greek and Latin. For each of the words below, put a stress mark (') at the end of the stressed syllable. (If you don't remember, look in the end vocabulary of your textbook.)

1. Atmosphäre
2. Biologie
3. Bibliothek
4. Dialekt
5. Information
6. Konsulat
7. Medizin
8. Museum
9. Republik
10. Theater
11. Universität
12. Zentrum
13. diskutieren
14. reservieren
15. studieren
16. demokratisch
17. interessant
18. privat
19. supermodern
20. typisch

B. Bilden Sie ganze Sätze!

1. wohin / ihr / fahren / Sommer?

_____

2. ich / fahren / in / Schweiz // weil / mein Bruder / leben / in / Schweiz

_____

_____

3. wir / können / schwimmen / in / See / oder / gehen / in Wald

4. Sie / kennen / Hermann?

5. Sie / wissen // wo / er / arbeiten?

6. ich / glauben // in / Geschäft / zwischen / Drogerie / und / Supermarkt

C. Auf deutsch, bitte!

1. *Put (formal) the plates in the kitchen.*

2. *Put (pl. fam.) the carpet in the living room.*

3. *Where am I supposed to hang the picture?*

4. *I don't know. Hang (sg. fam.) it over the sofa.*

5. *Where is the bathroom? Go (formal) into the hallway. It's next to the bedroom.*

NAME _____ DATUM _____ KURS _____

D. Bei Familie Schütz *(Look at the photo, then complete the statements below.)*

1. Familie Schütz sitzt _____ Wohnzimmer. 2. Vater Schütz sitzt _____ Sessel und hält eine Zeitung *(newspaper)* _____ Hand. 3. Er hat keine Schuhe _____ Füßen *(pl.)*. 4. Frau Schütz sitzt _____ Sofa _____ Lampe und spricht mit den drei Kindern. 5. Die Kinder sitzen gemütlich _____ Sofa und sehen _____ Buch. 6. Arndt hat einen Fuß _____ Tisch und sitzt zwischen _____ Schwester und _____ Bruder. 7. Der Bruder hat die Füße _____ Tisch. 8. _____ Sofa sieht man ein Fenster mit Blumen. 9. _____ Schrank _____ Wand ist ein Bücherregal.

E. Aufsatz

Write a paragraph of six to eight sentences describing your family's home or apartment, the place where you live now, or your dream house (Ihr Traumhaus).

Da wohne ich / Da möchte ich wohnen

Wo ist das Haus (die Wohnung, das Zimmer)? In der Stadt oder auf dem Land? Wie alt ist es/sie? Welche Zimmer sind unten, welche oben? Was für Möbel sind im Wohnzimmer? Wie sieht Ihr Zimmer aus? Haben Sie auch einen Garten (einen Balkon, eine Garage, einen Pool)?

NAME _____ DATUM _____ KURS _____

KAPITEL 7

ZU HAUSE

A. Erweitern Sie Ihren Wortschatz!

The first element in a compound noun is not always a noun, but may be a verb or an adjective.

1. Bilden Sie Hauptwörter! Geben Sie die Pluralformen! Was bedeuten die Wörter auf englisch?

   z.B.   essen + Zimmer = das Eßzimmer, -   *dining room*

   baden + Zimmer = das Badezimmer, -   *bathroom*

   a. reisen + Wetter = _____

   b. duschen + Vorhang = _____

   c. kaufen + Haus = _____

   d. kochen + Buch = _____

   e. lesen + Ecke = _____

   f. liegen + Stuhl = _____

   g. parken + Platz = _____

   h. tanzen + Stunde = _____

   i. tragen + Tasche = _____

   j. wechseln + Geld = _____

2. Welches Adjektiv ist in dem Wort? Was bedeutet das auf englisch? *(Draw a line between the adjective and the noun. Then find the English equivalent of the compound.)*

z.B. Schwarz/wald   *Black Forest*

a. Altstadt _____

b. Fertighaus _____

c. Freizeit _____

d. Frühstück _____

e. Kleingeld _____

f. Kühlschrank _____

g. Normalpost _____

h. Sauerbraten _____

i. Schnellweg _____

j. Weißbrot _____

breakfast
change
express route
leisure time
marinated pot roast
old (part of the) town
prefabricated house
refrigerator
regular mail
white bread

B. Bilden Sie ganze Sätze!

1. Karl // bitte / aufschreiben / dein / Hausnummer!
   ich / wollen / vorbeibringen / morgen / mein / Scheck

_____

_____

2. ihr / ausgehen / heute?
   ja // wir / wollen / besuchen / unser / Freunde

_____

_____

3. in / welch- / Hotel / wir / übernachten?
   in / Pension / gegenüber von / Bahnhof

4. wissen / du // wann / Geschäft / aufmachen?
   dies- / Geschäft / aufmachen / 10 Uhr

5. ich / mögen / bezahlen / mein / Rechnung
   hier / sein / mein / Reisescheck

6. dürfen / ich / sehen / Ihr / Ausweis / oder / Ihr / Paß?

C. Auf deutsch, bitte!

1. *Shall I bring your (sg. fam.) luggage to (in) your room?*

2. *For which door is this key?*

3. *Is it for all doors, also for this entrance?*

4. *Do you (pl. fam.) know your room number?*

5. *We're taking our keys along because some hotels close at 11 o'clock.*

NAME _____ DATUM _____ KURS _____

D. Kreuzworträtsel

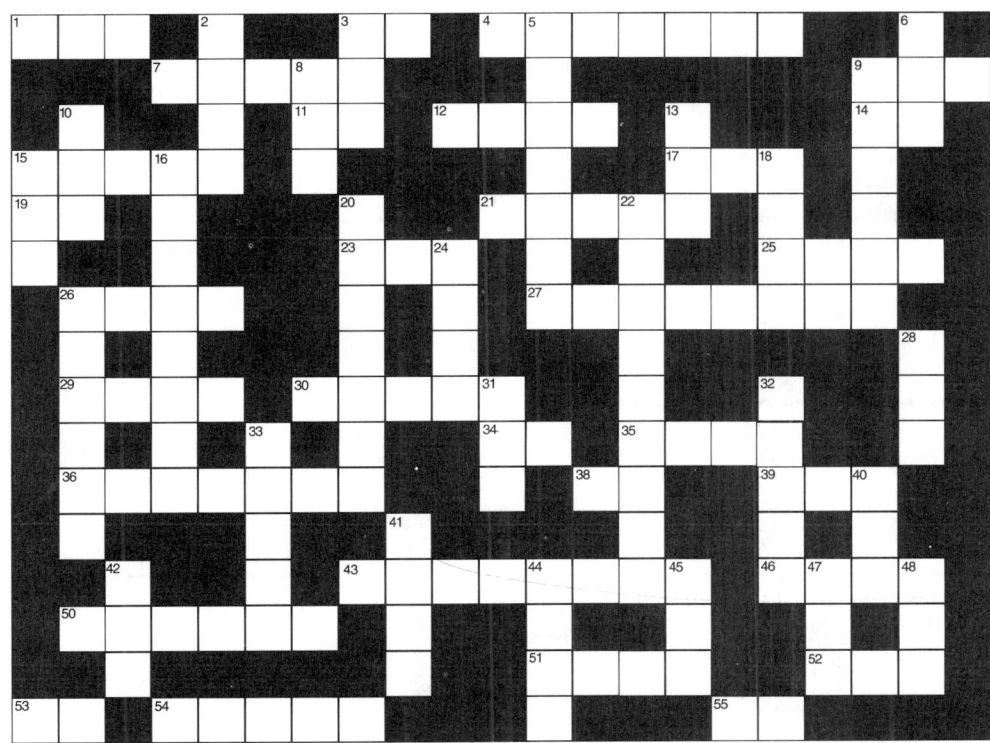

Horizontal:

1. *her*
3. *you*
4. *cash*
7. *my (attr. pl.)*
9. *only*
11. *he*
12. *guest*
14. *around*
15. *to go swimming*
17. *ice cream*
19. *into*
21. *trip*
23. *and*
25. *free*
26. *cold*
27. *counter*
29. *almost*
30. *night*
34. *off (prefix)*
35. *couch*
36. *entrance*
38. *it*
39. *with*
43. *to change*
46. *your (pl. fam.)*
50. *banks*
51. *after*
52. *red*
53. *closed*
54. *our*
55. *egg*

Vertikal:

2. *not a*
3. *the (m.)*
5. *I.D. card*
6. *to the*
8. *new*
9. *number*
10. *one (pronoun)*
13. *lake*
15. *until*
16. *to cash*
18. *juice*
20. *exit*
22. *key*
24. *Sure I do.*
26. *suitcase*
28. *has*
31. *day*
32. *lamp*
33. *Thank you!*
40. *tea*
41. *bed*
42. *the (n.)*
44. *are*
45. *near*
47. *watch*
48. *red*

E. Bitte füllen Sie den Fremdenschein aus! *(Fill out the hotel registration form.)*

Fremdenschein	Ankunft am	
	Name des Gastes name - nom	Vorname chr. name - prénom
Zimmer Nr.		

Geburtsdatum date of birth date de naissance	Geburtsort place of birth lieu de naissance	Land/Staat für Geburtsorte im Ausland Staat - State - pays	Staatsangehörigkeit nationality nationalité

Wohnort residence domicile	Straße, Nr. No., street No. rue	Land/Staat für Wohnorte in der Bundesrepublik Staat - State - pays	

Begleitet von accompanied by accompagné de Ehefrau - wife - épouse Vorname - chr. name - prénom	Kindern - children enfants Zahl - number nombre	Reisegesellschaft: Zahl der Teilnehmer Tourist-group-number Voyage collectiv-nombre	Unterschrift des Gastes Signature

F. Am Bankautomaten *(Look at the photo on p. 195 in your main text. Then complete the following statements about it.)*

1. Auf dies_____ Bild sehen wir ein paar Leute vor ein_____ Bankautomaten *(m.)*. 2. Die Dame links geht nur an d_____ Automaten vorbei. 3. Die zwei Frauen neben dies_____ Dame haben ihr_____ Geld schon bekommen, denn die eine hat ihr_____ Portemonnaie *(n.)* noch in d_____ Hand. 4. Ein Mann mit ein_____ Mantel steht gerade an d_____ Automaten und bekommt wohl sein_____ Geld. 5. Die Dame hinter _____ muß noch warten *(wait)*. 6. Wie wir wissen, ist dies_____ Automat Tag und Nacht offen. 7. So ein_____ Bankautomat ist sehr praktisch, denn Zeit ist ja auch Geld. 8. Solch_____ Automaten gibt es heute in jed_____ Stadt. 9. Das heißt aber nicht, daß all_____ Leute sie benutzen *(use)*. 10. Manch_____ Leute gehen einfach gern in d_____ Bank zu ein_____ Schalter.

NAME_____ DATUM_____ KURS_____

G. Sprechsituation: Was tun?

You're travelling during summer vacation and have run into a problem with accommodations. React to the information given with different expressions of disbelief.

Quatsch!
Du spinnst wohl!
Ach du liebes bißchen!
Das gibt's doch nicht!

Das kann doch nicht wahr sein!
Mach keine Witze!
Das ist ja Wahnsinn!

ANGELIKA   Du, die Jugendherberge ist diese Woche geschlossen.

SIE   _____

ANGELIKA   Ich habe überall gefragt, aber es gibt kein Hotelzimmer und kein Gästezimmer mehr.

SIE   _____

ANGELIKA   Vielleicht müssen wir im Park schlafen.

SIE   _____

ANGELIKA   Sollen wir einfach wieder nach Hause fahren?

SIE   _____

ANGELIKA   Oder wir fahren in der Nacht mit dem Zug irgendwohin und sind am Morgen wieder hier.

SIE   _____

ANGELIKA   Nein, nein, nein! Zu allem sagst du nein. Vielleicht können wir bei der Polizei schlafen.

SIE   _____

ANGELIKA   Du, ich glaube ich habe mein Portemonnaie in der Telefonzelle gelassen (*left*).

SIE   _____

H. Aufsatz

Write a paragraph of seven to nine sentences about a pleasant/unpleasant stay in some hotel or motel.

Was für ein Hotel!

NAME _____ DATUM _____ KURS _____

RÜCKBLICK: KAPITEL 4–7

A. Was fehlt?

1. _____ (on the) Wochenende fahren Monika und Reinhold _____ (by) Auto _____ (to the) Land. Dort wollen sie ein Picknick machen. 2. Sie halten _____ (in a) Städtchen und gehen dann zu Fuß _____ (on a) Feldweg _____ (into the) Wald. 3. Sie bummeln gemütlich _____ (through the) Wald und kommen dann _____ (to a) See. 4. Reinhold stellt das Essen _____ (under a) Baum, weil er und Monika _____ (in the) See baden wollen. 5. Aber was sehen sie, als (when) sie wieder _____ (out of the) Wasser kommen? Ameisen (ants), viele Ameisen! 6. Sie sind überall _____ (between the) Brötchen (pl.), _____ (under the) Käse, _____ (on the) Butter, _____ (behind the) Kuchen und sogar _____ (in the) Limonade. 7. Aber nicht nur das! Jetzt krabbeln (crawl) sie auch noch _____ (into the) Kleidung, _____ (onto the) Bluse, _____ (between the) Hosenbeine (pl.) und _____ (under the) Rock! Einfach furchtbar! 8. Da läuft Monika _____ (with the) Kleidung zurück _____ (to the) See und schüttelt (shakes) die Ameisen _____ (into the) Wasser. 9. Weg (away) _____ (with the) Ameisen!

195

Copyright (c) 1995 by Holt, Rinehart and Winston, Inc. All rights reserved

10. Und Reinhold fischt die Ameisen _____ (out of the) Brötchen (pl.), _____ (out of the) Butter, _____ (out of the) Kuchen und _____ (out of the) Limonade. Wie schön! Guten Appetit!

B. Was ist richtig?

1. Ach, das tut ... furchtbar leid.
   a. ich   b. mich   c. mir   d. mein

2. Wie gefällt es ... hier?
   a. Sie   b. Ihnen   c. Ihren   d. Ihr

3. Wo ist der Park? Können Sie ... zeigen?
   a. mich er   b. ihn mich   c. ihn mir   d. mir ihn

4. Die Tür ist zu. Bitte öffnen Sie ... !
   a. sie mich   b. mir sie   c. sie mir   d. mich sie

5. Wir wollen am Wochenende ... Land fahren.
   a. auf dem   b. aufs   c. ins   d. im

6. Wo ist der Kellner? Ich kann ... nicht sehen.
   a. er   b. ihn   c. ihm   d. ihr

7. Wir fahren nicht mit dem Bus, ... wir gehen zu Fuß.
   a. aber   b. sondern

8. Die Prüfung ist nicht lang, ... sie ist schwer.
   a. aber   b. sondern

9. Stell doch das Auto in ... Garage!
   a. die   b. der

10. Den Wein findet ihr in ... Kühlschrank!
    a. den   b. dem

11. Häng die Mäntel in ... Schrank!
    a. den   b. dem

12. Gehen Sie an ... Tafel!
    a. die   b. der

13. ... hält der Bus?
    a. wo   b. woher   c. wohin

14. ... läufst du denn so schnell?
    a. wo   b. woher   c. wohin

15. An ... Haltestelle müssen wir aussteigen?
    a. welche   b. welchen   c. welcher   d. welchem

NAME _____ DATUM _____ KURS _____

16. Geht ihr heute abend . . .?
    a. ab   b. aus   c. ein   d. zu

17. Wer . . . mitkommen?
    a. können   b. kann   c. könnt   d. kannst

18. . . . Oskar auf die Party mit!
    a. nehme   b. nimm   c. nimmt   d. nehmen

19. Gefallen . . . die Sessel nicht?
    a. dir   b. ihn   c. sie   d. du

20. . . . du die Fenster zugemacht?
    a. hast   b. bist

21. . . . Rita schon zurückgekommen?
    a. hat   b. ist

22. Wer . . . , wo Erika ist?
    a. wisse   b. wißt   c. weißt   d. weiß

23. Gerda sitzt zwischen . . . Vater und . . . Mutter.
    a. ihren / ihre   b. ihrem / ihrer   c. ihr / ihre   d. ihrem / ihren

24. Wer kann . . . helfen?
    a. mich   b. mir   c. mein   d. ich

25. . . . soll ich helfen?
    a. wer   b. wen   c. was   d. wem

C. Auf deutsch, bitte! (*Unless special instructions are given, use plural familiar forms in this exercise.*)

1. *How do you like your rooms?*

_____

2. *I like my room.*

_____

3. *One can see not only the city, but also the lake.*

_____

_____

4. *Do you know that my room has even a TV?*

_____

5. *Which room do you (sg. fam.) have?*

_____

6. *Look over there, the room next to the entrance.*

_____

7. *What are we doing now?*

_____

8. *Nothing. I have to talk with your father.*

_____

9. *And you must go to* (ins) *bed, because we'll have to get up early* (früh) *tomorrow.*

_____

10. *We only sit in the car and aren't allowed to do anything.*

_____

11. *Where do you want to go?*

_____

12. *I know a hotel near the lake where one can dance.*

_____

13. *When are you coming back?*

_____

14. *When are we supposed to come back?*

_____

15. *Where are the car keys?*

_____

16. *Please give (sg. fam.) them to me.*

_____

NAME _____ DATUM _____ KURS _____

17. *Did you (sg. fam.) see my keys?*

_____

18. *Who had them last (zuletzt)?*

_____

19. *I didn't take them.*

_____

20. *Where were you (sg. fam.) last? — I don't know.*

_____

KAPITEL 8

ZU HAUSE

A. Erweitern Sie Ihren Wortschatz!

Compound nouns can be either plain (Sommertag) or linked (Geburtstag, Tageszeit, Wochentag). The -s- or -es- link is a genitive form that may also appear with feminine nouns. The -er, -en, and -n- links are plural forms that also connect singular nouns more smoothly. Which link will be used in a compound is not predictable; skill at making new compounds can only be learned through practice and observation.

Underline the link in each of the compound nouns below, and give the English equivalent.

z.B. Suppe<u>n</u>löffel   soup spoon

1. Erbsensuppe _____
2. Tomatensalat _____
3. Blumengeschäft _____
4. Straßenname _____
5. Wochenende _____
6. Hosentasche _____
7. Fahrkartenschalter _____
8. Studentenheim _____
9. Kinderzimmer _____
10. Jahreszeit _____
11. Mittagspause _____
12. Abfahrtszeit _____
13. Jugendherbergsausweis _____
14. Übernachtungsmöglichkeit _____

B. Bilden Sie ganze Sätze!

1. Margarete // schicken / Junge / mit / Paket / zu / Post!

2. Flugzeug / sollen / ankommen / 16 Uhr / in Düsseldorf

3. dort / wir / besuchen / Bruder / meine Mutter

4. ihr / weiterfahren / mit Zug / am Abend?

5. warum / du / nicht / fahren / mit Zug // ich / nicht / können / verstehen

6. statt / eine Autofahrt / ich / machen / gern / Zugreise

C. Auf deutsch, bitte!

1. *During our vacation, we're going to Switzerland by train.*

2. *On the way, we'll visit my father's friend.*

3. *I don't know this gentleman, but I know that he lives in Bern.*

NAME _____ DATUM _____ KURS _____

4. *We have to change trains in Basel.*

_____

5. *Because of my school, we can't leave today. But we'll leave soon, perhaps the day after tomorrow.*

_____

_____

6. *Write us a postcard when you've arrived.*

_____

7. *That depends. If it rains, I'll write you (pl. fam.).*

_____

8. *That sounds good. Take care!*

_____

D. Vor dem Züricher Hauptbahnhof. Sehen Sie auf das Bild, und beenden Sie *(finish)* die Sätze!

1. Das Bild zeigt . . .
   a. einen Zug
   b. eine U-Bahn
   c. einen Bus
   d. eine Straßenbahn

2. Sie fährt . . .
   a. zum Flughafen
   b. zum Museum
   c. zur Alten Brücke
   d. zum Zoo

3. Die Leute tragen Mäntel und Jacken, weil es . . .
   a. nicht warm ist
   b. regnet
   c. schneit
   d. dunkel ist

4. Die Leute sind mit der Straßenbahn . . . gefahren.
   a. aufs Land
   b. in die Stadt
   c. zum Schloß
   d. zur Schule

5. Die Leute gehen sicher . . .
   a. ins Theater
   b. in die Kirche
   c. spazieren
   d. in Geschäfte

6. Es ist sicher . . .
   a. Sonntag morgen
   b. abends
   c. während des Tages
   d. im August

NAME _____ DATUM _____ KURS _____

E. Was ist was auf dieser Karte von der Schweiz?

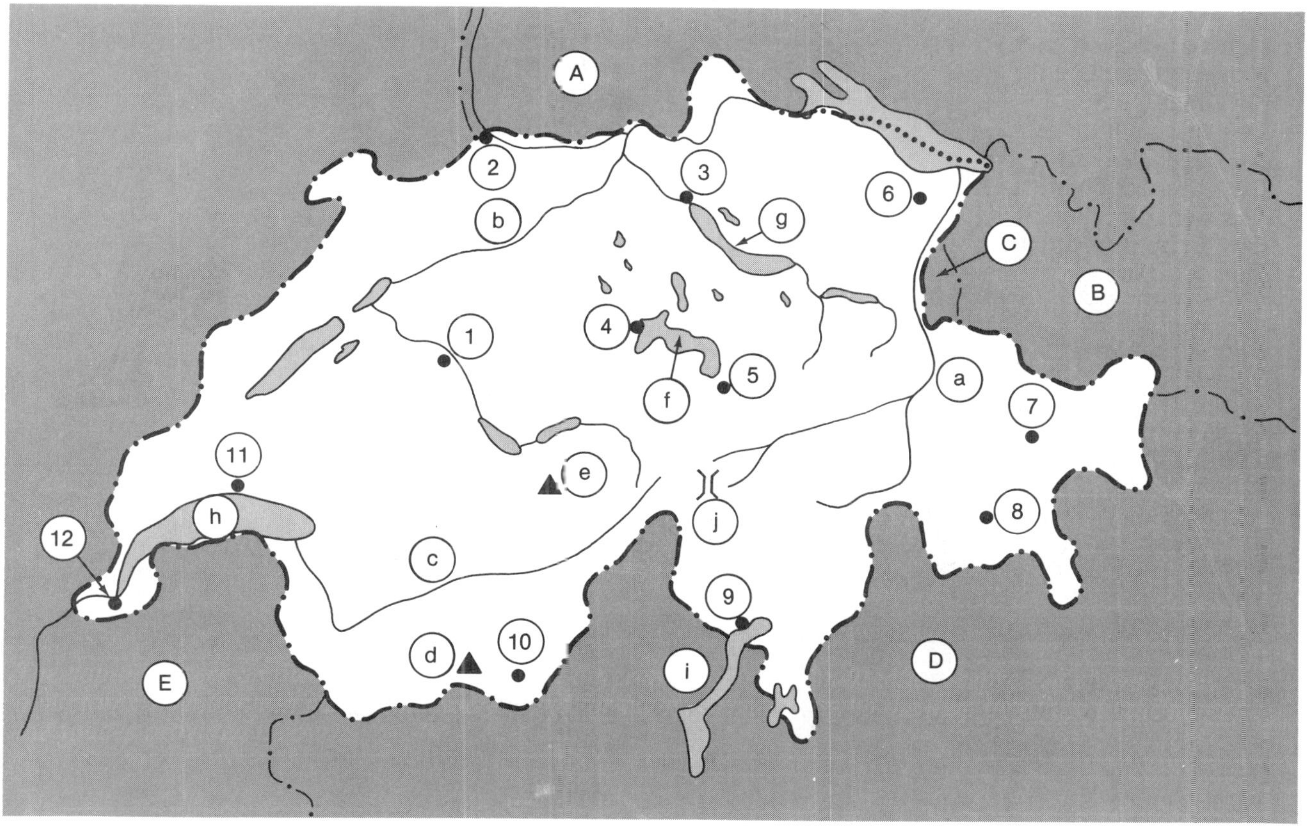

The capital letters on the map above represent different countries; small letters represent rivers, lakes, mountains, or mountain passes; numbers stand for cities. Create a key to the map by filling in the names in the spaces provided below.

A. _____	a. _____	1. _____
B. _____	b. _____	2. _____
C. _____	c. _____	3. _____
D. _____	d. _____	4. _____
E. _____	e. _____	5. _____
	f. _____	6. _____
	g. _____	7. _____
	h. _____	8. _____
	i. _____	9. _____
	j. _____	10. _____
		11. _____
		12. _____

Copyright (c) 1995 by Holt, Rinehart and Winston, Inc. All rights reserved.

F. Sprechsituation: Bei Müllers zum Abendessen

The Müllers are sitting around the dining table eating supper. They don't hesitate to express their feelings about what their family members say. Fill in the blanks by choosing appropriate expressions from the list below.

Ach du liebes bißchen!
Ach du meine Güte!
Das freut mich!
Das geschieht dir recht!
Das ist doch egal!
Das macht doch nichts.
Das sieht dir ähnlich!
Das tut mir (furchtbar) leid!
Gott sei Dank!

Du Glückspilz!
Ich bin froh.
Na und!
Pech gehabt!
Schade!
Schwein gehabt!
So ein Pech!
Super!
Um Gottes willen!

KURT Mensch, ich habe immer noch Hunger!

HELGA _____

SUSI Heute früh ist mir der Bus direkt vor der Nase weggefahren (*drove off right in front of me*).

KURT _____

SUSI Weil ich meine Hausaufgaben nicht mitgehabt habe, muß ich jetzt eine Seite aus dem Buch abschreiben (*copy*).

KURT _____

HELGA Aua, das Messer ist scharf (*sharp*)! Mutti, hast du ein Hansaplast*? Schnell! Aua aua aua!

MUTTER _____

SUSI Wir haben nur Leukoplast*.

MUTTER _____

HELGA So, jetzt ist alles wieder gut.

VATER _____

HELGA Habe ich euch gesagt, daß ich einen Flug nach Mallorca gewonnen (*won*) habe?

SUSI _____

---

* Hansaplast *and* Leukoplast *are brands of band-aids.*

NAME _____ DATUM _____ KURS _____

HELGA Da muß ich eine Woche unbezahlten Urlaub (*unpaid vacation*) nehmen.

SUSI _____

VATER Onkel Otto ist im Krankenhaus (*hospital*).

MUTTER _____

VATER Am Wochenende darf er wieder nach Hause.

MUTTER _____ . Kinder, heute gibt es keinen Nachtisch.

HELGA _____

KURT _____

G. **Im Schlafwagen** *(Briefly describe the picture below in German.)*

NAME _____ DATUM _____ KURS _____

H. Aufsatz

Write a dialogue along the following lines:

<u>Auf dem Bahnhof</u>

Fragen Sie den Mann am Fahrkartenschalter, wann der nächste Zug nach Zürich fährt, wann er dort ankommt, ob Sie in Basel umsteigen müssen, wieviel Zeit Sie in Basel haben, und wieviel die Fahrt kostet! Sie nehmen eine Hin- und Rückfahrkarte. Fragen Sie den Mann auch, auf welchem Gleis der Zug abfährt und wo eine Imbißbude ist!

NAME _____ DATUM _____ KURS _____

KAPITEL 9

ZU HAUSE

A. Erweitern Sie Ihren Wortschatz!

The first element in a compound verb may be a noun, an adjective, another verb, or a particle (i.e., a preposition or an adverb).

1. Was für ein Wort ist der erste Teil von jedem Verb? Was bedeutet es auf englisch? *(Underline the first element of each compound verb, state what it is, and give the verb's English equivalent.)*

   z.B. <u>teil</u>nehmen   noun; to take part

   a. freinehmen _____

   b. aufessen _____

   c. zurückhalten _____

   d. kopfstehen _____

   e. stehenbleiben _____

   f. saubermachen _____

   g. auszahlen _____

   h. hereinlassen _____

   i. radfahren _____

   j. fertigmachen _____

to come to a stop
to clean
to pay out
to finish
to hold back
to eat up
to bicycle
to let in
to take time off
to stand on one's head

2. Was gehört zu welchem Verb? Kombinieren Sie! *(Combine prefixes and verbs for the German equivalent of the English verbs. For the meaning of prefixes, see also chapter 7.)*

z.B. *to open up*   aufmachen

auf, aus, ein, herein, mit, nach, vorbei, zu, zurück

bleiben, fahren, fliegen, geben, halten, lassen, laufen, packen, schicken

a. *to pack (in a suitcase)* _____

b. *to unpack* _____

c. *to hold open* _____

d. *to let in* _____

e. *to run after* _____

f. *to drive past* _____

g. *to send along* _____

h. *to give back* _____

i. *to fly back* _____

j. *to stay closed* _____

B. Was fehlt?

Ich habe ein neu____(1)____ Hobby: Photographieren. Gestern bin ich durch unsere klein____(2)____ Stadt gelaufen. Vor dem groß____(3)____ Kaufhaus habe ich ein schön____(4)____ Bild von einer jung____(5)____ Mutter mit ihrem klein____(6)____ Kind gemacht. Dann bin ich auf den Turm *(tower)* unserer alt____(7)____ Kirche gestiegen *(climbed up)*. Von da habe ich einen wunderbar____(8)____ Blick *(m., view)* auf die Stadt gehabt. Auf dem Turm ist auch ein alt____(9)____ Herr gewesen. Ich bin eine halb____(10)____ Stunde da geblieben. Dieser alt____(11)____ Herr hat während der ganz_____(12)_____ *(whole)* Zeit von seinem besonder_____(13)_____ Hobby gesprochen. Was für ein besonder_____(14)_____ Hobby hat er gehabt? Photographie!

C. Auf deutsch, bitte!

1. *Do you (sg. fam.) feel like playing soccer?*

2. *No, I don't feel well. I have a stomach-ache.*

3. *You (sg. fam.) sit too much and don't keep in shape.*

4. *I'm going to sit down in the garden and read a book.*

5. *Why don't you (sg. fam.) call Willi? Maybe he has time to play soccer with you.*

D. **Sprechsituationen: Danke für die Einladung!**

Respond to the following invitations from your friends. You may either accept or decline, but you should give a reason for your decision.

z.B. Möchtest du heute abend mit uns ins Kino gehen?
   Ich möchte schon, aber ich kann nicht. Ich muß noch in die Bibliothek.

1. Wir gehen Pizza essen. Willst du mitkommen?

2. Wenn du Zeit hast, können wir uns zusammen einen Videofilm anschauen.

3. Thomas und ich wollen noch etwas joggen. Hast du Lust, mitzukommen?

4. Wir gehen in die Stadt. Komm doch mit!

5. Ich möchte euch am Sonntag zu einer Party einladen.

6. Tante Frieda und ich gehen morgen abend in die Oper. Wir nehmen dich gern mit.

7. Darf ich dich heute mittag zum Essen einladen?

NAME_____ DATUM _____ KURS _____

E. Zwei ganz andere Hobbys (*Look at the photos on p. 266 in your main text. Then complete the following statements about them.*)

1. Auf diesen zwei_____ Bildern sehen wir jung_____ Leute mit besonder_____ Hobbys. 2. Der jung_____ Mann links surft irgendwo auf ein_____ groß_____ See. 3. Der Wind ist gut_____, und sein_____ bunt_____ Segel *(sail, n.)* läßt ihn schnell über d_____ ruhig_____ Wasser gleiten *(glide)*. 4. Für dies_____ modern_____ Sport braucht man gut_____ Muskeln *(muscles)*, und man muß gut_____ schwimmen können. 5. Surfen ist ein_____ populär_____ Sport bei jung_____ Leuten. 6. Bei schön_____ Wetter sieht man im Sommer viele bunt_____ Segel auf Deutschlands groß_____ und klein_____ Seen. 7. Rechts sehen wir drei_____ Bergsteiger mit bunt_____ Kleidung an ein_____ steil_____ *(steep)* Wand. 8. Bergsteigen ist ein_____ alt_____ Sport für Leute mit gut_____ Nerven. 9. Nur fragt man sich manchmal, was sie an so einem gefährlich_____ *(dangerous)* Sport so toll_____ finden.

F. Aufsatz

Write a dialogue based on the following situation. You and your friend Birgit are on your way to the symphony (a party, a game, the theater, etc.) when you run into Dirk Olsen, someone Birgit knows. Birgit introduces you. Dirk suggests that you change your plans and go to a disco (die Disco). You decline the invitation politely.

KAPITEL 10

ZU HAUSE

A. Erweitern Sie Ihren Wortschatz!

Most German infinitives can be used as nouns. They fulfill the same function as the English gerund.

z.B. Das ___Tanzen___ macht uns Spaß.
       dancing

1. Das _____ ist ein schöner Sport.
     skiing

2. Auch heute verbringen *(spend)* viele Hausfrauen ihre Tage mit _____ ,
                                                                        shopping

_____ , _____ und _____ .
 cleaning   *washing*   *cooking*

3. Heute halten sich viele Leute mit _____ , _____
                                         running   *hiking*

oder _____ fit.
      swimming

4. Meiner Mutter macht das _____ Spaß, meinem Vater das
                                reading

_____ , meiner Schwester das _____ und
 taking pictures   *playing the piano*

meinem kleinen Bruder das _____ .
                                  watching TV

B. Bilden Sie ganze Sätze!

1. ich / sich anhören / gern / schön / CDs

___

2. du / sich interessieren / [*prep.*] / klassisch / Musik?

___

___

3. er / sprechen / immer / [*prep.*] / groß / Reisen

___

4. er / sammeln / deutsch / und / amerikanisch / Briefmarken

___

5. was / man / können / machen / mit / alt / Briefmarken?

___

6. Hobbys / viel / Leute / sein / interessant

___

C. Auf deutsch, bitte!

1. *Did I tell you (pl. fam.) about tonight?*

___

2. *Christiane and I are going to the theater.*

___

3. *I'm looking forward to it. I love exciting detective stories.*

___

___

NAME _____ DATUM _____ KURS _____

4. *I bought expensive tickets. We have excellent seats.*

_____

_____

5. *Are you (sg. fam.) interested in the theater? What do you think of it?*

_____

_____

6. *Please tell (sg. fam.) me about the play tomorrow.*

_____

_____

D. Im Radio. Sehen Sie sich das Rundfunkprogramm an, und ergänzen Sie *(complete)* die Sätze!

Mittwoch

25. Oktober

Deutschlandfunk

Nachrichten: 0.00, stündlich bis 4.00, 4.30, 5.00, 5.30, 6.00, 6.30, 7.00, 7.30, 8.00, stündlich bis 19.00, 20.00, 21.30, 22.00, 23.00.

- 6.10 Musik zu früher Stunde
- 6.55 Landfunk Gartentips
- 7.15 Tieflandindianer Ein Bericht aus Südamerika
- 9.15 Schulfunk
- 10.05 ● Tanz- und Unterhaltungsmusik
- 11.10 Heute und morgen Informationen für die ältere Generation
- 12.05 Internationale Presse
- 12.30 ● Joseph Haydn: Sinfonie Nr. 16
- 13.10 Neue Bücher – Neue Platten
- 14.05 Gesundheit
- 14.10 Aus Kunst und Wissenschaft
- 14.30 Programm für Kinder
- 15.00 ● Aus dem Tanzstudio
- 16.00 ● Glückwünsche und Musik
- 17.30 Kommentar
- 18.05 Deutschland und die Welt
- 19.10 Kinderchor
- 19.30 ● Vom Walzer zum Swing
- 20.05 Sport
- 20.15 ● Giacomo Meyerbeer: Die Afrikanerin Große Oper in fünf Akten
- 21.40 ● Sinfoniekonzert
- 22.20 Wochenpresse
- 22.30 ● Nachtprogramm

Morgens um fünf sind _____(1)_____ . Um Viertel nach sieben bringen sie einen

Bericht *(report)* aus _____(2)_____ . Um fünf nach zehn ist

_____(3)_____ . Sie ist in Stereo.

Zwei Stunden später gibt es die _____(4)_____ . Um zehn

nach eins sprechen sie über _____(5)_____ und Platten *(records)* und danach über die

_____(6)_____ . Um halb _____(7)_____ hört man Musik vom Walzer zum

Swing. Um acht sind wieder _____(8)_____ . Eine Viertelstunde später bringen sie

NAME _____ DATUM _____ KURS _____

eine _____ von Meyerbeer. Dieses Rundfunkprogramm ist für
         (9)

_____ , den 25. Oktober.
         (10)

E. Sprechsituationen: Was sagen Sie?

For each of the statements or questions below, circle the letter preceding the most appropriate response.

1. Wie gefällt dir das Buch?
    a. Es ist phantastisch.
    b. Es schmeckt gut.
    c. Es paßt mir nicht.

2. Na, wie findest du mein Auto?
    a. Das hängt mir zum Hals heraus.
    b. Es ist spannend.
    c. Nicht schlecht.

3. Volker ist immer noch nicht da. Er kommt doch immer zu spät.
    a. Das finde ich langweilig.
    b. Das ärgert mich wirklich.
    c. Ja, toll!

4. Tina und Egon haben Probleme mit ihrer Stereoanlage (*stereo set*). Sie haben sie schon so oft zum Service gebracht! Die Leute sagen, alles ist repariert; aber wenn Tina und Egon dann zu Hause sind, stimmt wieder etwas nicht (*something is wrong again*). Jetzt geht der Kassettenspieler nicht.
    a. Na, prima!
    b. Das gefällt mir wirklich.
    c. Jetzt habe ich aber genug.

5. Ihr Computer geht wieder einmal nicht.
    a. Das ist genau das Richtige!
    b. Ich habe die Nase voll.
    c. So eine Frechheit!

F. An der Theaterkasse

Complete the dialogue below by filling in the missing lines.

FRÄULEIN   Guten Abend!

HERR   _____

_____

FRÄULEIN   Am Donnerstag und Freitag *Wilhelm Tell*, am Samstag *Maria Stuart*.

HERR   _____

_____

FRÄULEIN   Es tut mir leid. Für Freitag ist alles ausverkauft *(sold out)*.

HERR   _____

_____

FRÄULEIN   Ja, wir haben noch Plätze im Parkett und im Rang.

HERR   _____

FRÄULEIN   72,— Mark, bitte!

HERR   _____

FRÄULEIN   Um 20 Uhr.

HERR   _____

FRÄULEIN   Ungefähr um 22.30 Uhr.

HERR   _____

NAME _____ DATUM _____ KURS _____

KAPITEL 11

ZU HAUSE

A. Erweitern Sie Ihren Wortschatz!

Many adjectives are derived from other adjectives or from verbs or nouns. Certain suffixes characterize them as adjectives. A substantial number of adjectives you know end in -ig, -lich, -isch, or -bar.

1. Was ist das Adjektiv dazu?

   z.B. der Schmutz *(dirt)*   schmutzig

   a. die Ruhe _____

   b. die Lust _____

   c. der Tag _____

   d. der Freund _____

   e. der Sport _____

   f. das Glück _____

   g. die Musik _____

   h. die Phantasie _____

   i. das Wunder *(miracle)* _____

   j. die Furcht *(fear, awe)* _____

2. **Verstehen Sie diese Adjektive? Welches Wort ist darin? Was bedeutet das auf englisch?** *(You are familiar with the words from which these adjectives are derived. Give their English equivalent.)*

z.B. geldlich   *monetary*

a. eßbar _____   j. geschäftlich _____

b. lesbar _____   k. mütterlich _____

c. waschbar _____   l. hungrig _____

d. dankbar _____   m. salzig _____

e. hörbar _____   n. eisig _____

f. stündlich _____   o. schläfrig _____

g. feierlich _____   p. typisch _____

h. fraglich _____   q. telefonisch _____

i. brieflich _____   r. spielerisch _____

audible, by letter, by telephone, concerning business, edible, festive, grateful, hourly, hungry, icy, legible, motherly, playful, questionable, salty, sleepy, typical, washable

B. **Der Froschkönig** *(Complete the fairy tale with the correct verb forms. Use the simple past, unless other instructions are given.)*

1. leben
2. haben In alten Zeiten _____(1)_____ ein König, der _____(2)_____ drei schöne

3. sein   Töchter; aber die dritte Tochter _____(3)_____ so schön, daß die Sonne sich

4. wundern _____(4)_____ *(was amazed)*. Im heißen Sommer _____(5)_____ sie gern
5. gehen

6. setzen in den Wald, _____(6)_____ sich an einen kühlen Brunnen *(well)* und

7. spielen _____(7)_____ mit einer goldenen Kugel *(ball)*. Eines Tages _____(8)_____
8. fallen

9. rollen ihr die Kugel aus der Hand und _____(9)_____ *(rolled)* in den Brunnen. Da

10. anfangen _____(10)_____ sie _____(10)_____ zu weinen. Plötzlich _____(11)_____ ein
11. kommen

12. fragen häßlicher Frosch *(frog)* mit einem dicken Kopf aus dem Wasser und _____(12)_____

13. jammern	die Prinzessin, warum sie so laut _____ (13) _____ (carried on). Sie	
14. erzählen	_____ (14) _____ dem Frosch, daß sie ihre goldene Kugel im Brunnen _____ (15) _____	
15. verlieren		
16. versprechen	_____ (15) _____ (had lost). Der Frosch _____ (16) _____, die Kugel	
17. wollen	zurückzubringen. Aber dafür _____ (17) _____ der Frosch ihr Freund sein, mit ihr	
18. sagen	spielen, von ihrem Teller essen und in ihrem Bett schlafen. Als sie ja _____ (18) _____,	
19. schwimmen	_____ (19) _____ der Frosch weg und _____ (20) _____ die Kugel wieder.	
20. bringen		
21. freuen	Die Königstochter _____ (21) _____ sich sehr, _____ (22) _____ nach Hause	
22. laufen		
23. vergessen	und _____ (23) _____ den Frosch.	

Aber am nächsten Tag, als die Prinzessin mit ihren Eltern und Schwestern beim

24. sitzen	Essen _____ (24) _____, _____ (25) _____ (knocked) jemand an die Tür.	
25. klopfen		
26. öffnen	Als sie die Tür _____ (26) _____, _____ (27) _____ sie den Frosch vor	
27. sehen		
28. müssen	der Tür sitzen. Die Prinzessin _____ (28) _____ ihrem Vater sagen, daß der	
29. helfen	Frosch ihr _____ (29) _____ (had helped), und der König	
30. sprechen	_____ (30) _____: „Was du versprochen hast, mußt du halten." Sie _____ (31) _____	
31. lassen		
32. essen	den Frosch herein und er _____ (33) _____ von ihrem Teller und _____	
33. trinken		
34. liegen	von ihrem Glas. Als die Prinzessin im Bett _____ (34) _____, sagte der Frosch:	
35. werden	„Ich bin müde und will in deinem Bett schlafen." Da _____ (35) _____ die	

Königstochter böse (angry) und warf (threw) den Frosch an die Wand. Plötzlich

36. stehen	_____ (36) _____ vor ihr ein junger Königssohn mit freundlichen Augen und	

37. danken _____(37)_____ ihr, weil sie ihn _____(38)_____ (had
38. erlösen
39. heiraten *released [from a spell]*). Ein paar Tage später _____(39)_____ sie und
40. reisen _____(40)_____ in das Land seines Vaters.

C. Auf deutsch, bitte!

1. *When are they getting married?*

_____

2. *I don't know when.*

_____

3. *I'll ask them when they come.*

_____

4. *When they were here on the weekend, they didn't say anything.*

_____

5. *I had just brushed my teeth when she came home with a cake.*

_____

6. *Had you (sg. fam.) waited long for him?*

_____

NAME _____ DATUM _____ KURS _____

D. Sehen Sie auf die Anzeigen, und beantworten Sie die Fragen!

Wir verloben uns am 23. März.

Thomas Stoll
Elke Bingel

Bonn Köln
Julius–Plücker–Str. 8 Schillerweg 37

Wir haben am 21. Juni geheiratet.

Thomas und Elke Stoll

Frankfurt/Main
Gartenstraße 15

---

1. Seit wann sind Thomas und Elke verlobt?

_____

2. Wie lange waren sie verlobt?

_____

3. Wann haben sie geheiratet?

_____

4. Wie hieß Elke vorher *(before)*, und wie heißt sie jetzt?

_____

5. Wo haben sie vorher gewohnt, und wo wohnen sie jetzt?

_____

_____

E. **Sprechsituation: Ich muß dir 'was erzählen.**

Your girlfriend is telling you about something special that happened to her today. Fill in the blanks by choosing from the list below or adding your own comments.

Das war aber nicht nett von euch.
Ihr seid gemein (*mean*).
Ja, natürlich!
Ja, und?
Klar!

Und dann?
Und was habt ihr da gemacht?
War er nett?
Was denn?
Wirklich?

UTE Mensch, du glaubst gar nicht, was Marianne und ich gemacht haben.

SIE _____

UTE Du kennst doch Marianne, nicht wahr?

SIE _____

UTE Wir haben vor zwei Wochen eine Anzeige unter Partnerwünsche in die Zeitung gesetzt.

SIE _____

UTE Und da haben wir ungefähr fünfzehn verschiedene Antworten bekommen.

SIE _____

UTE Wir haben dann an einen Herrn geschrieben.

SIE _____

UTE Wir haben gesagt, wir treffen (*meet*) ihn vor dem Café Kranzler.

SIE _____

UTE Und da hat er dann auch auf uns gewartet — mit einer roten Rose im Knopfloch (*buttonhole*).

SIE _____

UTE Er hat uns nicht besonders gefallen.

SIE _____

UTE So sind wir an ihm vorbeigegangen, ohne etwas zu sagen.

SIE _____

UTE Ich weiß.

NAME _____ DATUM _____ KURS _____

F. Aufsatz

Write a brief story of ten to twelve sentences in the simple past.

Aus meinem Leben

Erzählen Sie eine lustige oder eine interessante Geschichte aus Ihrem Leben! (Ihre Schulzeit, eine Reise, Ferien mit Ihrer Familie . . .)

RÜCKBLICK: KAPITEL 8–11

A. Was fehlt?

1. Vorgestern haben wir fast den ganz_____ Abend vor unserem neu_____ Fernseher gesessen.

2. Um 18.20 Uhr gab es einen interessant_____ Bericht *(report)* über das alt_____ Frankfurt mit seinen viel_____ klein_____ Gassen *(streets)* und hübsch_____ Häusern, so wie es einmal war, und was man in letzt_____ Zeit damit gemacht hat. 3. Nach den kurz_____ Nachrichten um 19.00 Uhr sahen wir eine international_____ Show mit gut_____ Musikgruppen aus verschieden_____ Nachbarländern. 4. Dazu gehörte auch ein toll_____ Orchester und ein groß_____ Chor. 5. Nach diesem nett_____ Unterhaltungsprogramm haben wir zum dritt_____ Programm gewechselt und uns eine komisch_____ Oper von dem italienisch_____ Komponisten Rossini angesehen. 6. Eine ausgezeichnet_____ Vorstellung! 7. Ein gut_____ Fernseher ist etwas Schönes, denn man kann sich manche gut_____ Sendung gemütlich_____ zu Hause ansehen.

B. Was fehlt?

1. Sie sitzen . . .
    a. vor dem Fernseher faul meistens
    b. meistens faul vor dem Fernseher
    c. faul meistens vor dem Fernseher

2. Er fährt . . .
    a. mit dem Zug morgens zur Arbeit
    b. zur Arbeit mit dem Zug morgens
    c. morgens mit dem Zug zur Arbeit

3. . . . Buch ist das?
    a. wer   b. was   c. wem   d. wessen

4. Wie gefällt dir das Haus . . . ?
    a. unser Nachbar   b. unseren Nachbarn   c. unserem Nachbarn   d. unserer Nachbarn

5. Gestern abend sind wir in ein nettes Restaurant . . .
    a. gewesen   b. gegessen   c. gegangen   d. geblieben

6. Heute früh sind wir zu spät . . .
   a. aufgestanden   b. eingeschlafen   c. übernachtet   d. angefangen

7. Wir haben Freunde zu einer Party . . .
   a. geschehen   b. versprochen   c. versucht   d. eingeladen

8. . . . Peter schon nach Hause gekommen?
   a. hat   b. ist

9. Meine Eltern . . . gestern nach München gefahren.
   a. haben   b. sind

10. . . . ihr schon Zimmer reserviert?
    a. habt   b. seid

11. . . . du dir schon die Zähne geputzt?
    a. hast   b. bist

12. Er ist wirklich . . . Mensch.
    a. ein netter   b. einen netten   c. eines netten   d. einem netten

13. Diese Schauspielerin hat . . . Haare.
    a. schönes rotes   b. schöne rote   c. schönen roten   d. schön rot

14. Nehmen Sie die Gabel in . . . Hand!
    a. der linken   b. die linke   c. das linke   d. die linken

15. Eva hat . . . Zimmer.
    a. einen hübschen   b. eine hübsche   c. ein hübsches   d. eines hübschen

16. Wegen . . . Wetters sind wir zu Hause geblieben.
    a. das heiße   b. des heißen   c. dem heißen   d. der heißen

17. Kinder, wascht . . . die Hände!
    a. sich   b. ihre   c. ihr   d. euch

18. Ich möchte . . . ein Fahrrad kaufen.
    a. mir   b. mich

19. Ich muß . . . ein paar Minuten hinlegen.
    a. mir   b. mich

20. Wir haben uns . . . die schlechte Vorstellung geärgert.
    a. von   b. über   c. an   d. auf

21. Die Studenten freuen sich schon sehr . . . ihre Ferien.
    a. von   b. für   c. an   d. auf

22. . . . interessiert er sich?
    a. worauf   b. worüber   c. wofür   d. wovon

23. Wir . . . in Frankfurt um.
    a. steigt   b. stieg   c. steigen   d. gestiegen

24. Das Buch . . . auf der Kommode.
    a. legt   b. legte   c. lag   d. gelegen

25. Ich . . . das Buch letzten Sommer.
    a. laß   b. las   c. ließ   d. läßt

26. Hast du an die Karten . . . ?
    a. gedankt   b. gedacht   c. denken

27. Ich weiß auch nicht, ... der Bus abfährt.
    a. wenn   b. wann   c. als

28. ... wir in Österreich waren, sind wir viel Ski gelaufen.
    a. wenn   b. wann   c. als

29. Er ist meistens sehr müde, ... er nach Hause kommt.
    a. wenn   b. wann   c. als

30. Es ist leicht, auf einer Reise viel Geld ...
    a. ausgeben   b. ausgegeben   c. auszugeben

C. Auf deutsch, bitte!

1. *Kurt, what are you thinking of? — Of my vacation.*

2. *I'd like to hike in the mountains with Karl.*

3. *I've written to him, and now I'm waiting for his letter.*

4. *For that you can wait a long time.*

5. *And when he says "yes", it doesn't mean much.*

6. *Two years ago it was the same (genauso). (pres. perf.)*

7. *When you had bought the tickets, he suddenly got ill.*

8. *He had caught a cold again.*

9. *If you'd like, I'll come along.*

10. *Do you feel like hiking in the mountains? — I'd love to.*

11. *When can we go? — On the first day of (the) vacation.*

12. *How are we going? — By train.*

13. *Where will we spend the nights? — In inexpensive youth hostels.*

14. *Can you bring along your father's camera* (die Kamera)?

15. *No, his camera is too expensive; it can break* (kaputt•gehen).

16. *Maybe I'll take Susi's camera. Her camera is good, too.*

NAME _____ DATUM _____ KURS _____

KAPITEL 12

ZU HAUSE

A. Erweitern Sie Ihren Wortschatz!

Many nouns are derived from adjectives. Feminine nouns are characterized by such suffixes as -e, -heit, and -keit.

Bilden Sie Hauptwörter *(nouns)*!

1. z.B. lang (ä)   die Länge

   a. kurz (ü) _____ *shortness*

   b. warm (ä) _____ *warmth*

   c. kalt (ä) _____ *cold*

   d. nah (ä) _____ *nearness, vicinity*

   e. weit _____ *width, distance*

   f. groß (ö) _____ *size*

2. z.B. frei   die Freiheit

   a. sicher _____ *safety, certainty*

   b. dumm _____ *stupidity*

   c. gesund _____ *health*

   d. krank _____ *sickness*

   e. schön _____ *beauty*

   f. faul _____ *laziness*

3. z.B. wichtig   die Wichtigkeit

   a. gemütlich _____ *coziness*

   b. möglich _____ *possibility*

   c. freundlich _____ *friendliness*

   d. vielseitig _____ *versatility*

   e. traurig _____ *sadness*

   f. schwierig _____ *difficulty*

B. Was fehlt?

Lieber Onkel Alfred!

Gerade hat man mich aus Berlin angerufen. Ich kann auch dort eine Stelle als Journalistin haben. Du weißt ja schon, daß ich in Hamburg eine Möglichkeit habe. Was soll ich tun?

1. interessant   Beruflich ist eine Stadt so _____(1)_____ wie die andere. Die

2. groß   Pressestadt Hamburg hat einige der _____(2)_____ Zeitungen und

3. wichtig   Zeitschriften Deutschlands. Hamburg ist der _____(3)_____ deutsche

Hafen *(port)*. Nach Hamburg kommen Geschäftsleute aus allen Teilen der Welt. Jetzt,

wo Berlin wieder deutsche Hauptstadt ist, ist das für mich als Journalistin natürlich auch

enorm interessant. Da erlebt *(experiences)* man Geschichte aus erster Hand. Berlin ist

4. interessant   wirklich eine der _____(4)_____ Städte der Welt. Finanziell ist

5. schlecht   Hamburg für mich _____(5)_____ . Ich werde dort

6. wenig   _____(6)_____ verdienen als in Berlin. Dafür wird Berlin vielleicht

NAME_____ DATUM_____ KURS_____

7. teuer _____(7)_____ sein. Von Hamburg ist die Fahrt nach Bremen

8. kurz _____(8)_____ und _____(9)_____ . Man kann
9. billig

10. leicht _____(10)_____ mal nach Hause fahren. Auch ist Lübeck

11. nah _____(11)_____ . Da arbeitet, wie Du weißt, mein Freund Ulf. Vor ein

paar Wochen bin ich in beiden Städten gewesen, und ich finde es nicht leicht zu sagen,

12. gut   welche Stadt mir _____(12)_____ gefallen hat. Das Klima (climate) in

13. gesund   Berlin soll das _____(13)_____ in Deutschland sein, und das

14. toll   Kulturleben am _____(14)_____ . Das Wetter in Hamburg ist bestimmt

15. furchtbar   das _____(15)_____ , aber Hamburg hat die „_____(16)_____ ,
16. groß

17. alt   _____(17)_____ , _____(18)_____ und
18. bekannt

19. teuer   _____(19)_____ Oper in Deutschland", wie man hier sagt. Die

20. offen   Menschen in Berlin fand ich _____(20)_____ , _____(21)_____
21. freundlich

22. gemütlich   und _____(22)_____ als in Hamburg, und nicht so reserviert und

23. ruhig   _____(23)_____ wie dort. Ich weiß wirklich nicht, wo ich

24. gern   _____(24)_____ wohnen und arbeiten möchte. Laß mich wissen, was

Du denkst.

Viele Grüße,

Deine Ingeborg

Copyright (c) 1995 by Holt, Rinehart and Winston, Inc. All rights reserved.

C. Schreiben Sie die Sätze in der Zukunft!

1. An das Wetter gewöhnst du dich.

2. Dort hat man eine bessere Zukunft.

3. Ich spreche mit dem Herrn.

4. Als Wissenschaftler verdienst du weniger, aber die Arbeit ist interessanter.

5. Ihr habt auch mehr Verantwortung.

6. Das gefällt euch.

D. Vergleichen Sie *(compare)*!

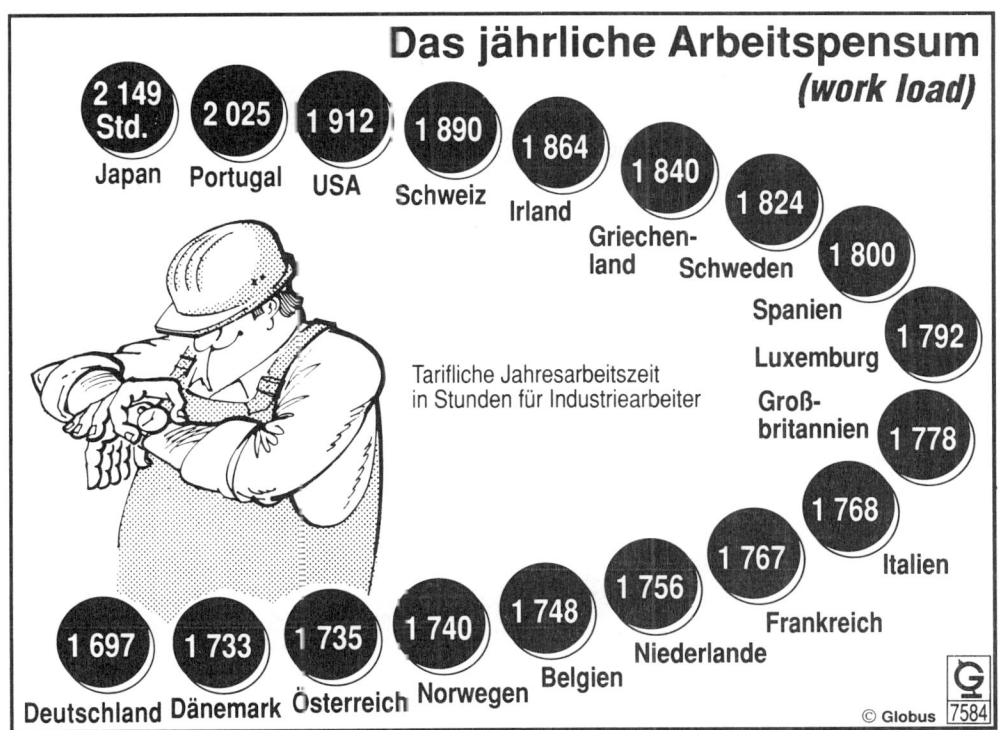

Die Deutschen arbeiten ungefähr _____(1)_____ Stunden im Jahr. Das sind 215 Stunden

_____(2)_____ als die Amerikaner und 71 Stunden _____(3)_____ als die Italiener.

Die Italiener arbeiten ungefähr so viel _____(4)_____ die Franzosen. Die Japaner arbeiten

_____(5)_____ . Das hört man _____(6)_____ wieder. Daß die Japaner

fleißig___(7)___ sind, weiß jeder. Ich habe immer gedacht, daß die Deutschen fleißig___(8)___ sind als die

Franzosen. Aber daß sie faul___(9)___ sind als die Amerikaner, das kann ich mir nicht vorstellen. Vielleicht

ist das, weil die Deutschen _____(10)_____ *(more often)* Ferien haben.

E. **Wie weit is es von ... nach ...?** *(Using comparisons, make five to eight statements about the map below.)*

z.B.: Von Berlin nach Erfurt ist es weiter als von Berlin nach Hamburg.
Hamburg is näher als Erfurt.

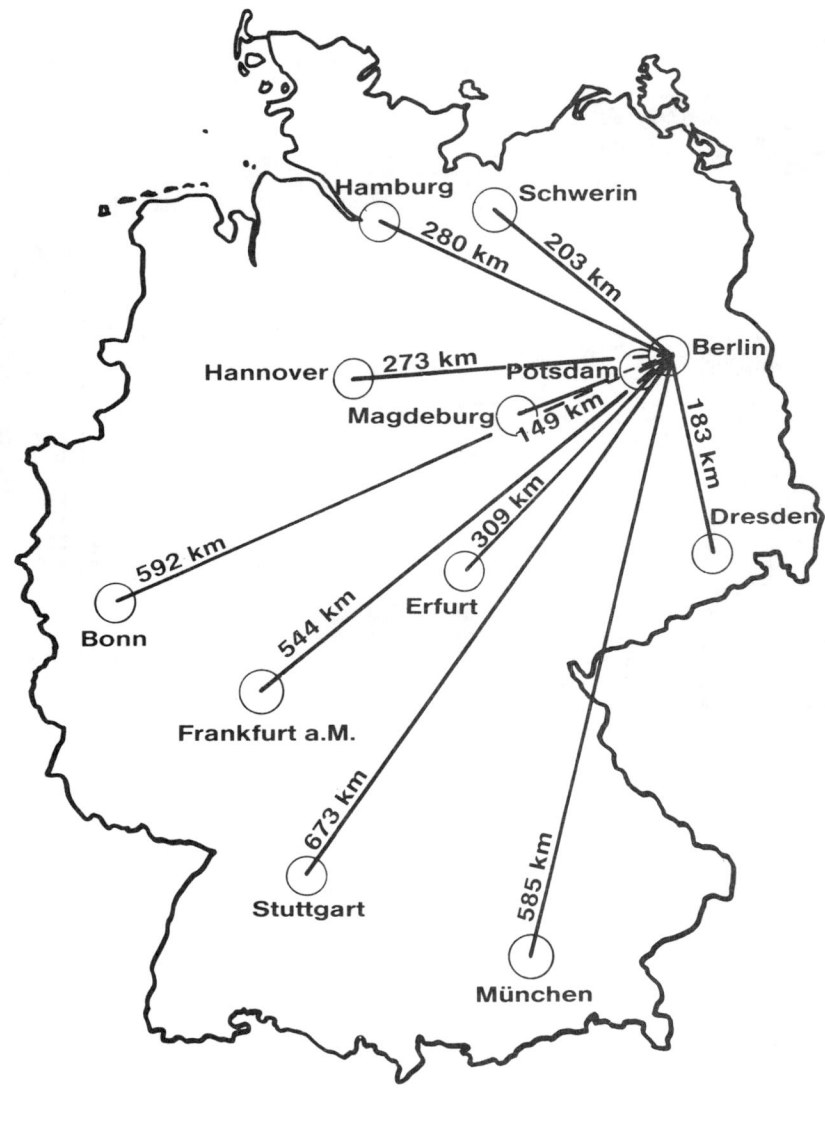

_____
_____
_____
_____
_____
_____
_____
_____

NAME _____ DATUM _____ KURS _____

F. Sprechsituationen: Wann sagen Sie das?

Write appropriate statements or questions that would elicit the responses below.

z.B. Das Leben ist teuer.
 Das stimmt.

1. SIE _____
   JEMAND Genau!

2. SIE _____
   JEMAND Na klar!

3. SIE _____
   JEMAND Ach was!

4. SIE _____
   JEMAND Das ist doch lächerlich!

5. SIE _____
   JEMAND Gar nicht wahr!

6. SIE _____
   JEMAND Das glaube ich nicht.

7. SIE _____
   JEMAND Du hast recht.

8. SIE _____
   JEMAND Quatsch!

9. SIE _____
   JEMAND Gute Frage!

10. SIE _____
    JEMAND Keine Ahnung!

11. SIE _____
    JEMAND Das kommt darauf an.

12. SIE _____
    JEMAND Mal sehen!

Copyright (c) 1995 by Holt, Rinehart and Winston, Inc. All rights reserved.

G. Aufsatz

Write eight to ten sentences about your plans for the weekend or the next vacation. When appropriate, use the future tense.

Wochenendpläne / Ferienpläne

NAME _____ DATUM _____ KURS _____

KAPITEL 13

ZU HAUSE

A. Erweitern Sie Ihren Wortschatz!

Among the most common nouns derived from verbs are nouns ending in -er and -ung. The nouns ending in -er are all masculine. Feminine nouns can be derived from them by adding -in (verkaufen: der Verkäufer, die Verkäuferin). All nouns ending in -ung are feminine.

1. Geben Sie das Hauptwort! Was bedeutet das auf englisch?

   z.B. malen   der Maler; painter

   a. bewerben   _____   _____

   b. denken   _____   _____

   c. erzählen   _____   _____

   d. hören   _____   _____

   e. lesen   _____   _____

   f. Ski laufen (ä)   _____   _____

   g. sprechen   _____   _____

   h. träumen   _____   _____

   i. verlieren   _____   _____

2. Geben Sie das Hauptwort! Was bedeutet das auf englisch?

z.B. erkälten   die Erkältung; cold

a. bedeuten   _____   _____

b. bestellen   _____   _____

c. bezahlen   _____   _____

d. besichtigen   _____   _____

e. einladen   _____   _____

f. empfehlen   _____   _____

g. entscheiden   _____   _____

h. erwarten   _____   _____

i. prüfen   _____   _____

B. Was fehlt? *(Use the subjunctive II throughout.)*

Lieber Peter!

1. sein   Wir haben uns sehr über Deinen Anruf gefreut. Es _____(1)_____ ja prima,

2. können   wenn Du mit Deiner Familie nach Deutschland kommen _____(2)_____ .

3. sein   Im September _____(3)_____ Michael und Doris nicht hier, so daß wir

4. haben   für Euch Platz im Haus _____(4)_____ . Wenn Ihr aber lieber in einem

5. übernachten   Hotel _____(5)_____ _____(5)_____ , _____(6)_____
6. müssen

7. bestellen   Ihr uns schreiben. Dann _____(7)_____ wir Euch Zimmer

8. nehmen   _____(7)_____ . Ich _____(8)_____ mir während Eures

244

Copyright (c) 1995 by Holt, Rinehart and Winston, Inc. All rights reserved.

9. interessieren	Besuchs ein paar Tage frei _____(8)_____ . Wofür _____(9)_____	
10. müssen	Ihr Euch _____(9)_____ ? Ihr _____(10)_____ Euch	
11. machen	erst München ansehen. Den Kindern _____(11)_____ der Zoo Spaß	
	_____(11)_____ und Deiner Frau der Botanische Garten. Und wie	
12. sein	_____(12)_____ es mit Schlössern und Burgen *(castles)*? Die Kinder	
13. sehen	_____(13)_____ doch sicher gern Neuschwanstein. Wir	
14. sollen	_____(14)_____ auch eine Fahrt auf der Alpenstraße machen. Und wenn	
15. sein	das Wetter schlecht _____(15)_____ , _____(16)_____ wir	
16. können		
17. mögen	immer in ein Museum gehen. Du hast auch gesagt, Ihr _____(17)_____	
18. haben	Salzburg wieder sehen. Auf dem Weg _____(18)_____ wir die	
	Möglichkeit, Euch Schloß Herrenchiemsee zu zeigen. Vielleicht	
19. haben	_____(19)_____ Ihr auch Lust, in den Bergen zu wandern? Hier gibt es	
	wirklich viel zu tun. Ruf uns an, wenn Ihr am Flughafen seid! Besser wäre es	
20. wissen	noch, wenn wir genau _____(20)_____ , wann Ihr ankommt. Dann	
	könnten wir Euch abholen *(pick up)*. Also, mach's gut!	

Viele Grüße!

Dein Detlef

C. Auf deutsch, bitte!

1. *You should think of the future, Miss Wolf.*

___

2. *I wish I knew where Peter is.*

___

3. *What would happen if we didn't drive today?*

___

4. *The earlier you (sg. fam.) come, the more we can see.*

___

5. *Could you (pl. fam.) please write us a letter?*

___

D. Lesen Sie das Stellenangebot, und schreiben Sie den Text noch einmal im Konjunktiv!

> Wir suchen für sofort:
> BUCHHALTER/IN*. Gute Bezahlung, 13. Monatsgehalt*, Weihnachtsbonus und gleitende* Arbeitszeit. Bitte schreiben Sie an: Tierversicherung*, 3200 Hildesheim, Schützenallee 35, Telefon 0 51 21!

bookkeeper
salary
flexible
animal insurance

1. Wenn ich die Stelle akzeptiere, bekomme ich ein extra Monatsgehalt.

___

2. Dann habe ich nicht nur zwölf Schecks im Jahr, sondern dreizehn.

___

NAME _____ DATUM _____ KURS _____

3. Zu Weihnachten geben sie mir einen Bonus.

_____

4. Das ist prima.

_____

5. Mit der gleitenden Arbeitszeit habe ich eine bestimmte Stundenzahl pro Woche.

_____

_____

6. Es ist egal, wann ich morgens anfange.

_____

7. Es ist auch egal, wie oft ich Pausen mache.

_____

8. Ich bin einfach so viele Stunden pro Woche im Büro.

_____

_____

9. Hildesheim ist nicht weit von euch.

_____

10. Das gefällt mir.

_____

E. Studien-Ausweis *(Write a brief paragraph using the questions below as guidelines.)*

UNIVERSITÄT GÖTTINGEN
– Studien-Ausweis –

für
Frau / Herrn
Amrei
Lüdemann
geb. am 07.12.70
in Bad Hersfeld

>>> S O M M E R 93 <<<

ist immatrik. im SS 93
seit dem WS 89/90

Gültig vom 01.04.93
bis 31.10.93
nur in Verbindung mit dem Personalausweis oder einem amtlichen Pass

Matrikel-Nr. 28909808

Angestrebte Abschlußprfg. — Studienfach / fächer   Fach-sem.

Staatsexamen
– Rechtswissenschaft   08

Semester-Anschrift

Friedländer Weg 59
3400 Göttingen

Diese Bescheinigung wurde maschinell erstellt, sie trägt daher weder Unterschrift noch Siegel. Zusätze und Änderungen bedürfen der Zustimmung durch das Studentensekretariat.

Wie heißt die Studentin? Wo studiert sie und wann? Seit wann studiert sie schon? Was studiert sie? Wie alt ist sie? Wo ist sie geboren? Wo wohnt sie während des Semesters?

_____
_____
_____
_____
_____
_____
_____
_____
_____
_____

NAME _____ DATUM _____ KURS _____

F. Sprechsituation: wenn ich Sie wäre, . . . !

Read what good advice Ms. Jakob has for Mr. Bingel. Then match the underlined phrases with the English equivalent listed below.

a. *are you allowed . . .*
b. *how about . . .*
c. *I am sorry.*
d. *I don't mind.*
e. *I would prefer it, too.*
f. *if I were you . . .*

g. *it is forbidden . . .*
h. *it would be better if . . .*
i. *of course . . .*
j. *would it be all right with you . . .*
k. *would it bother you . . .*
l. *you ought to . . .*

___ 1. Sie sollten mehr spazieren gehen!

___ 2. Ja, natürlich. Ich weiß.

___ 3. Es wäre besser, wenn Sie nicht jeden Tag so lange im Büro sitzen würden.

___ 4. Es wäre mir auch lieber, wenn ich nicht so viel zu tun hätte.

___ 5. An Ihrer Stelle würde ich nicht so viel arbeiten.

___ 6. Wie wär's, wenn Sie sich einen Hund (*dog*) kauften? Dann würden Sie bestimmt öfter spazierengehen.

___ 7. Ist es bei Ihnen erlaubt, einen Hund zu haben? — Ja, natürlich.

___ 8. Ich frage ja nur, weil es manchmal verboten ist.

___ 9. Wäre es Ihnen recht, wenn ich den Hund in den Ferien zu Ihnen brächte?

___ 10. Ich habe nichts dagegen.

___ 11. Würde es Sie stören, wenn ich auch meine Katze (*cat*) in den Ferien zu Ihnen bringen würde?

___ 12. Nein, mich würde es nicht stören, aber meine Frau ist allergisch gegen Katzen. Es tut mir leid.

G. Aufsatz

Write a letter of invitation about ten to twelve sentences long to a friend in Germany. Use the subjunctive as much as possible.

Liebe(r) . . . !

Schreiben Sie ihm/ihr, warum Sie möchten, daß er/sie zu Ihnen kommt, und was man hier alles tun könnte! Vielleicht könnte er/sie sogar hier studieren. Was würde das kosten? Wo könnte er/sie wohnen? Wie sähe der Alltag hier an der Uni aus?

KAPITEL 14

ZU HAUSE

A. Erweitern Sie Ihren Wortschatz!

Numerous German nouns are derived from verbs. Some are based on the infinitive stem; others show the vowel change of the simple past or past participle.

1. Bilden Sie das Hauptwort dazu! Was bedeutet das auf englisch? (Diese Wörter sind maskulin.)

    z.B. teilen   der Teil; part

    a. anfangen _____   dance

    b. kaufen _____   call

    c. danken _____   beginning

    d. tanzen _____   plan

    e. planen _____   purchase

    f. anrufen _____   thanks

2. Bilden Sie das Hauptwort dazu! Was bedeutet das auf englisch? (Diese Wörter sind feminin.)

    z.B. reisen   die Reise; trip

    a. bitten _____   rent

    b. duschen _____   love

    c. lieben _____   speech

    d. mieten _____   request

    e. reden _____   shower

3. Was bedeutet das Hauptwort auf englisch? Was ist das Verb dazu?

z.B. die Tat tun; *deed*

a. die Hilfe _____

b. die Teilnahme _____

c. die Sprache _____

d. die Wäsche _____

e. das Verbot _____

f. der Wunsch _____

g. der Gruß _____

h. der Wiederaufbau _____

language
greeting
help
participation
change
laundry
prohibition
reconstruction
wish

B. Was fehlt?

das
dem
den
den
der
der
der
der
der
der
deren
deren
dessen
die
die
die
die

Ein junger Mann hatte bei der Bank, in ___(1)___ er arbeitete, 2000 Mark gestohlen *(stolen)*. Als er sah, daß er das Geld, ___(2)___ er gestohlen hatte, nicht zurückzahlen konnte, bekam er Angst *(got scared)*. Er ging zu einem Rechtsanwalt, ___(3)___ er kannte und von ___(4)___ er wußte, daß er ihm vertrauen *(trust)* konnte. Er erzählte ihm alles, auch von seiner Frau, ___(5)___ Boss *(m.)* sie gerade an die frische Luft gesetzt hatte *(i.e., had fired her)*. Der Rechtsanwalt hörte zu und fragte ihn dann: „Wieviel Geld können Sie aus der Bank nehmen, bei ___(6)___ Sie arbeiten, ohne daß andere Leute, ___(7)___ auch dort arbeiten, es wissen?" „Nicht mehr als 3000 Mark", sagte der junge Mann, ___(8)___ nicht verstand, warum der Rechtsanwalt ihn fragte. „Bringen Sie mir die 3000 Mark, ___(9)___ Sie nehmen können, morgen früh", sagte der Rechtsanwalt. Dann schrieb er diesen Brief, _____(10)_____ er an die Bank schickte, von _____(11)_____ der junge Mann das Geld gestohlen hatte: Herr Huber, _____(12)_____ bei Ihnen arbeitet, hat 5000 Mark gestohlen. Seine Familie, _____(13)_____ ihm helfen möchte, will Ihnen die 3000 Mark geben, _____(14)_____ sie zusammengebracht hat. Bitte geben Sie einem jungen Mann, _____(15)_____ ganzes Leben noch vor ihm liegt, eine Chance! Das tat die Bank, _____(16)_____ Namen ich nicht nennen möchte, und der junge Mann konnte ein neues Leben beginnen.

C. Lesen Sie die Anekdote über Friedrich II. oder Friedrich den Großen von Preußen *(Prussia)*, und wiederholen Sie alle direkte Rede indirekt!

Moses Mendelssohn, der Großvater des Komponisten Felix Mendelssohn, war ein sehr bekannter Philosoph und ein guter Freund Friedrichs II. (des Zweiten). Eines Tages war er beim König zum Abendessen eingeladen. Um sieben Uhr waren alle Gäste da, nur Mendelssohn nicht. Da wurde der König ungeduldig und fragte: „Wo ist Mendelssohn?" „Das weiß ich nicht", war die Antwort des Dieners *(servant)*. „Das ist typisch für die Philosophen! Wenn sie hinter ihren Büchern sitzen, vergessen sie alles." Da sagte Friedrich zu seinem Diener: „Bringen Sie mir ein Stück Papier!" Darauf schrieb er dann: „Mendelssohn ist ein Esel *(ass)*. Friedrich II." Das gab er dem Diener und sagte, „Legen Sie das auf Mendelssohns Platz!" Kurz danach kam Mendelssohn, sagte „Guten Abend!" und setzte sich. Er fand den Zettel *(note)*, las, was darauf stand, und begann zu essen. Der König aber fragte: „Na, wollen Sie uns nicht sagen, was auf dem Zettel steht?" Da stand Mendelssohn auf und sagte: „Das will ich gern tun. Mendelssohn ist EIN Esel, Friedrich der ZWEITE."

1. Der König fragte, _____

2. Der Diener antwortete, _____

3. Der König meinte, _____

_____

_____

4. Er sagte dem Diener, _____

_____.

5. Darauf schrieb er, _____.

6. Dann sagte er dem Diener, _____

_____.

7. Der König fragte Mendelssohn, _____

_____.

8. Mendelssohn antwortete, _____.

9. Auf dem Zettel stand, _____

_____.

D. Sprechsituationen: Wenn Sie mich fragen, . . . *(Complete the sentences below.)*

1. Ich bin mir nicht sicher, aber ich glaube, daß _____

_____

2. Es ist möglich, daß _____

_____

3. Soviel ich weiß, _____

4. Wahrscheinlich _____

5. Ich nehme an, _____

6. Ich mache mir Sorgen um _____

7. Ich habe Angst vor _____

8. Ich befürchte, daß _____

9. Wenn man gut verdienen will, braucht man einen Beruf. Deshalb _____

_____

Und aus diesem Grund _____

10. Im großen und ganzen _____

Copyright (c) 1995 by Holt, Rinehart and Winston, Inc. All rights reserved.

E. Bildbeschreibung: Blick nach Ost-Berlin, so wie es war

Make five statements about the picture below, using relative pronouns wherever possible.

NAME _____ DATUM _____ KURS _____

KAPITEL 15

ZU HAUSE

A. Erweitern Sie Ihren Wortschatz!

1. Was ist das deutsche Wort dafür?

    A (relatively small) number of German words have found their way into the American language and are listed in Webster's. *You probably know most of them.*

    a. *a woman whose horizon is limited to her household* _____

    b. *an expression used when someone sneezes* _____

    c. *a special way of singing practiced in the Alps* _____

    d. *a pastry made of paper-thin dough and often filled with apples* _____

    e. *something like very dry toast, often given to teething infants* _____

    f. *a dog shaped like a sausage with short bowed legs* _____

    g. *a hot dog* _____

                                       or _____

    h. *an adjective expressing that all is in ruins or done for* _____

    i. *a word which implies that something isn't real or genuine, but a cheaper replacement* _____

    j. *a cheer given when people drink together* _____

2. Lesen Sie!

A considerably larger number of English words have entered the German language, especially since World War II. Such sentences as the following are unlikely, but by no means impossible.

a. Das ist der Journalist, der die Story von dem Come-back des Stars brachte.
b. Nach der Show gab das Starlet ein Interview.
c. Gestern haben wir im TV eine wunderbare Jazzshow gesehen. Das Musical heute abend soll auch sehr gut sein.
d. Layout und Design sind hier besonders wichtig. Ein Layouter wird gut bezahlt.
e. Manche Teenager denken, daß Make-up und Sex-Appeal das gleiche sind.
f. Die Effizienz in einem Office hängt vom Teamwork der Angestellten ab.
g. Wenn ein Manager non-stop arbeitet, ist es kein Wunder, daß der Streß zu viel wird.
h. Ein Banker weiß, daß guter Service sehr wichtig ist.

B. Welches ist die richtige Übersetzung *(translation)* für die Verbform?

1. Um 1960 <u>wurde</u> es in Deutschland sehr <u>schwer</u>, genug Industriearbeiter zu finden.

   a. *was difficult*
   b. *became difficult*
   c. *has been difficult*
   d. *would be difficult*

2. Hunderttausende von ausländischen Arbeitern <u>wurden</u> in die Bundesrepublik <u>eingeladen</u>.

   a. *have invited*
   b. *would be invited*
   c. *were invited*
   d. *will be invited*

3. Diese Arbeiter aus der Türkei, aus Jugoslawien, Italien, Griechenland, Spanien und anderen Ländern <u>werden</u> Fremdarbeiter oder Gastarbeiter <u>genannt</u>.

   a. *are called*
   b. *will call*
   c. *were called*
   d. *would be called*

4. Am Anfang glaubte man, daß diese Arbeiter nach ein paar Jahren in ihre Heimat <u>zurückgehen würden</u>.

   a. *will go back*
   b. *went back*
   c. *would go back*
   d. *have returned*

5. Weil es aber dort keine Arbeit gab, und weil die Arbeit in Deutschland nicht schlecht <u>bezahlt wurde</u>, blieben viele Gastarbeiter in der Bundesrepublik.

   a. *would pay*
   b. *paid*
   c. *would be paid*
   d. *was paid*

6. Leider <u>wird</u> es ihnen nicht leicht <u>gemacht</u>, sich in das deutsche Leben zu integrieren.

   a. *will make*
   b. *is being made*
   c. *will be made*
   d. *would be made*

7. Manche deutschen Stadtteile <u>sind</u> griechische oder türkische Gettos <u>geworden</u>.

   a. *have become*
   b. *are becoming*
   c. *were*
   d. *will become*

8. Weil die Kinder der Gastarbeiter oft kein Deutsch sprechen, <u>ist</u> in den Schulen viel experimentiert <u>worden</u>.

   a. *experiments are being conducted*
   b. *experiments would be conducted*
   c. *experiments will be conducted*
   d. *experiments were conducted*

NAME _____ DATUM _____ KURS _____

9. Man weiß noch nicht, wo diese Kinder später <u>leben werden</u>.

    a. *would live*   c. *will live*
    b. *lived*   d. *are living*

10. Ohne die Gastarbeiter <u>könnte</u> die deutsche Industrie heute <u>nicht funktionieren</u>.

    a. *can't function*   c. *was unable to function*
    b. *will not be able to function*   d. *couldn't function*

C. Auf deutsch, bitte!

1. *Why was that changed?*

_____

2. *That can easily be explained.*

_____

3. *What will they do now?*

_____

4. *It's already getting dark.*

_____

5. *It hasn't been torn down yet.*

_____

6. *I'll be a lawyer.*

_____

D. Sehen Sie auf das Bild, und lesen Sie den Text dazu! Finden Sie das Passiv, und übersetzen Sie die Formen!

z.B. zerstört wurden   *were destroyed*

1. Hier sehen Sie ein Bild von mehreren schönen alten Gebäuden in Frankfurt, die im 2. Weltkrieg zerstört wurden.

_____

2. Zuerst sollten sie nicht wiederaufgebaut werden, weil das zu teuer war.

_____

3. Aber durch Bürgerinitiativen sind sie gerettet worden.

_____

4. Heute sind die Gebäude fertig, aber auf dem Bild sieht man, wie in den 80er Jahren daran gebaut wurde.

_____

NAME _____ DATUM _____ KURS _____

5. Man hat die Fassaden so gelassen, wie sie vor dem Krieg waren, aber innen sind die Gebäude modernisiert worden.

_____

6. Die Renovierung dieser Fachwerkhäuser *(half-timbered houses)* wurde damals von der Stadt mit 15 Million Mark finanziert.

_____

7. Leider sind dabei Fehler gemacht worden.

_____

8. Die Mieter ärgern sich darüber, daß in den Wänden immer wieder neue Risse *(cracks)* gefunden werden.

_____

9. Jetzt soll herausgefunden werden, wer dafür verantwortlich gemacht werden kann.

_____

10. Diese Gebäude sind am Römerberg [*name of a square*], zwischen dem Dom und dem Römer – so heißt ein Gebäudekomplex. Auch der Dom und der Römer sind restauriert worden.

_____

11. Vor mehreren hundert Jahren sind Kaiser *(emperors)* und Könige im Dom gekrönt *(crowned)* worden.

_____

12. Danach wurde auf dem Römerberg gefeiert.

_____

13. Heute wird im Römer geheiratet, denn dort ist das Frankfurter Standesamt [*civil marriage registry*].

_____

E. **Das Deutsche Nationaltheater** *(Look at the photo on p. 404 in your main text. Then complete the statements about it.)*

1. Hier sieht man das Nationaltheater mit dem ... von Goethe und Schiller.

    a. Mahnmal   b. Denkmal   c. Abendmahl

2. Das Theater wurde am 9. Februar 1945 durch Bomben ...

    a. abgerissen   b. erklärt   c. zerstört

3. Am 28. August 1948 wurde es nach zweijähriger Bauzeit wieder ...

    a. eröffnet   b. gerettet   c. garantiert

4. Es war das erste Theatergebäude, das nach dem zweiten Weltkrieg wieder ... wurde.

    a. gebraucht   b. entwickelt   c. aufgebaut

5. Seitdem *(since then)* werden dort wieder viele klassische und moderne, nationale und internationale ... aufgeführt.

    a. Studien   b. Romane   c. Stücke

6. Den Namen Deutsches Nationaltheater bekam das Haus am 19. Januar 1919 im Zusammenhang mit *(in connection with)* der Weimarer Nationalversammlung *(National Assembly)*, die hier vom 6. Februar bis zum 11. August 1919 ...

    a. zusammenkam   b. parkte   c. redete

7. An der Stelle des jetzigen Theaters stand früher das alte Hoftheater, in dem nicht nur Goethes „Faust", ... auch Wagners „Lohengrin", Hebbels „Nibelungen" und Humperdincks „Hänsel und Gretel" ihre Premieren hatten.

    a. allerdings   b. etwa   c. sondern

8. Beim Wiederaufbau des Nationaltheaters 1946-1948 wurde das Innere *(interior)* des Theaters, das an das alte Barocktheater erinnerte, allerdings enorm ...

    a. verboten   b. verändert   c. verlassen

9. Die Weimarer sind stolz ... ihr Theater.

    a. von   b. für   c. auf

F. Welches Sprichwort paßt dazu?

Viele Köche verderben den Brei.
Ohne Fleiß kein Preis.
Es ist noch kein Meister vom Himmel gefallen.
Morgen, morgen, nur nicht heute, sagen alle faulen Leute.
Lügen haben kurze Beine.
Morgenstund' hat Gold im Mund.

1. Arnold ist gerade Manager einer Bankfiliale (. . . *branch*) geworden und hat jetzt ein sehr gutes Einkommen. Sein Chef (*boss*) hält viel von ihm. Warum? Arnold ist jahrelang früh ins Büro gekommen und hat seine Arbeit immer prompt gemacht. Wenn die anderen Angestellten kamen, hatte er schon viel erledigt (*accomplished*).

2. Thomas muß sein Zimmer aufräumen (*clean up*), aber immer wieder sagt er „Später!" Drei Tage später sagt er immer noch „Ich habe jetzt keine Zeit." Da denkt sich sein Zimmerkollege:

3. Der 10jährige Sebastian wollte gern ein neues Fahrrad. Weil er aber in der Schule nicht gerade fleißig war, waren seine Noten nicht besonders gut. Sein Vater versprach ihm ein neues Fahrrad, wenn seine Noten besser würden. Es dauerte eine Weile, aber nach einem Jahr konnte er stolz auf einem tollen neuen Fahrrad zur Schule fahren.

4. Maria ist frustriert, weil sie für ihre Klavierstunden so viel üben muß. Das, was sie übt, macht ihr keinen Spaß, weil ihre Freundinnen schon viel besser spielen können. Am liebsten würde sie aufhören, Klavier zu spielen. Da sagt ihre Lehrerin:

_____.

5. Petra und ihr Mann Oskar kochen beide gern. Oskar wollte Kartoffelsuppe machen und fing damit an, aber nach einer Weile wurde er ans Telefon gerufen, und Petra machte weiter. Als sie sich dann an den Tisch setzten, um ihre schöne Suppe zu essen, machten sie beide saure Gesichter. Die Suppe war furchtbar salzig und scharf (*spicy*). Beide hatten Salz und Pfeffer hineingetan.

_____.

6. Rüdiger fährt gern Auto. Er hat aber kein Auto, und den Mercedes seines Vaters darf er nicht fahren. Als sein Vater auf einer Geschäftsreise war, setzte er sich trotzdem ins Auto und fuhr damit in die Stadt. Und da ist es dann beim Parken passiert (*happened*): ein großer Kratzer (*scratch*)! „Ich weiß nicht, woher der Kratzer kommt. Ich habe dein Auto nicht gefahren", sagt er seinem Vater. Aber die Nachbarin hat alles gesehen und erzählt Rüdigers Mutter davon beim Kaffeeklatsch.

_____.

G. Aufsatz

Write a paragraph of ten to twelve sentences about any city. Use the passive voice wherever possible.

Bei uns in . . .

Beschreiben Sie, was man in einer Stadt macht, die Sie kennen! Werden Gebäude abgerissen oder renoviert? Wird viel gebaut? Ist die Stadt dadurch schöner geworden? Was sollte man tun?

RÜCKBLICK: KAPITEL 12–15

A. Was fehlt? Sehen Sie auf das Bild!

1. Das Bild, _____ Sie hier sehen, ist von einer Parteiwerbung.

2. Die Partei, für _____ sie werben, heißt CDU.

3. Der Herr, von _____ wir uns eine Rede anhören, ist ein CDU-Politiker.

4. Der Herr am Mikrophon, _____ Namen ich vergessen habe, hatte ein paar gute Ideen.

5. Die Dame, _____ Handtasche Sie von hinten sehen, bin ich.

6. Die Leute um mich herum, mit _____ ich sprach, fanden seine Rede auch gut.

7. Aber manche Teile seines Programms, von _____ er sprach, kritisierten sie.

8. Ich wohne übrigens in dem Haus, _____ Sie rechts sehen.

9. Das Zimmer links, _____ Fenster offen ist, ist unsere Küche.

10. Daneben links ist unser Wohnzimmer, von _____ man einen schönen Blick auf den Platz und die Kirche hat.

11. Die Kirche, _____ im Krieg zerstört wurde, ist wieder schön aufgebaut worden.

12. Das verdanken (*owe*) wir zum Teil unserem Bürgermeister, _____ sich sehr dafür eingesetzt hat.

B. Was fehlt?

1. Ich finde dieses Buch am ...
   a. interessant   b. interessanter   c. interessanten   d. interessantesten

2. Das ist der ... Kassettenrecorder.
   a. teuer   b. teurer   c. teuerste   d. teuersten

3. Den ... Leuten gefällt es hier.
   a. meisten   b. meistens   c. am meisten   d. meiste

4. Der rote Pullover ist nicht ... der graue Pullover.
   a. so warm wie   b. wärmer   c. am wärmsten   d. immer wärmer

5. Er ist ein_____ typisch_____ Beamt_____ .
   a. -er, -er, -er   b. -en, -en, -en   c. — , -er, -er   d. — , -er, -e

6. Hast du gewußt, daß Andreas ... Schweizer ist?
   a. ein   b. einen   c. —

7. Ist Karin ... ?
   a. eine Beamte   b. Beamte   c. Beamtin

8. Das sind die Geschäftsleute, von ... er gesprochen hat.
   a. die   b. wem   c. deren   d. denen

9. Da drüben ist das Gebäude, in ... mein Büro ist.
   a. das   b. der   c. dem   d. denen

10. Ist das der Krimi, ... dir so gut gefallen hat?
    a. der   b. dem   c. den   d. wer

11. Kennen Sie eine Rechtsanwältin, mit ... ich darüber sprechen kann?
    a. wem   b. der   c. dem   d. denen

12. Wie heißt die Professorin, ... Biologiekurs dir so gut gefallen hat?
    a. der   b. deren   c. dessen   d. denen

13. Wenn wir Veras Telefonnummer hätten, ... wir sie einladen.
    a. werden   b. wollen   c. würden   d. wären

14. Ich wünschte, ich ... mit euch ins Kino gehen.
    a. kann   b. konnte   c. könnte   d. kannte

15. Wenn wir am Wochenende Zeit haben, ... wir aufs Land.
    a. fahren   b. fuhren   c. führen   d. würden

16. Wenn er mich nur helfen ... !
    a. ließe   b. ließ   c. läse   d. las

NAME_____ DATUM_____ KURS_____

17. Wenn du früher ins Bett . . . , wärest du nicht so müde.
    a. gehst   b. gingst   c. gingest   d. gehest

18. Sie sagte, sie . . . ihr Auto am Dom geparkt.
    a. hat   b. hatte   c. hätte   d. würde

19. Ich wünschte, ich . . . früher aufgestanden.
    a. war   b. wäre   c. habe   d. hätte

20. Das hättest du mir wirklich sagen . . .
    a. kannst   b. könntest   c. gekonnt   d. können

21. Diese Mauer ist im 18. Jahrhundert zerstört . . .
    a. würde   b. wird   c. geworden   d. worden

22. Erika ist endlich wieder gesund . . .
    a. würde   b. wurde   c. geworden   d. worden

23. Dieses Gebäude wird nächstes Jahr repariert . . .
    a. werden   b. geworden   c. worden   d. wurde

24. Das . . . uns nicht gut erklärt worden.
    a. wird   b. ist   c. hat   d. sein

25. . . . ihr Deutsch belegen?
    a. wird   b. würde   c. werdet   d. wirst

26. Die Rechnung muß noch bezahlt . . .
    a. sein   b. werden   c. worden   d. wurden